Ulrich Bartmann

Verhaltensmodifikation als Methode der Sozialen Arbeit

Ein Leitfaden

Ulrich Bartmann

Verhaltensmodifikation als Methode der Sozialen Arbeit

Ein Leitfaden

4., überarbeitete und erweiterte Auflage

Materialie 59

Deutsche Gesellschaft für Verhaltenstherapie
Tübingen
2013

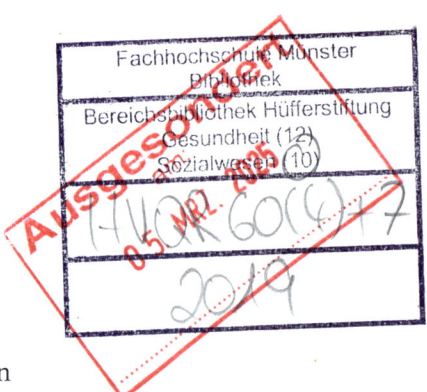

Korrespondenzadresse:

Prof. Dr. Ulrich Bartmann
Hochschule für angewandte Wissenschaften Würzburg-Schweinfurt
Fakultät für angewandte Sozialwissenschaften
Münzstraße 12
97070 Würzburg
E-Mail: bartmann@lauftherapie-experten.de

Bibliografische Information der Deutschen Nationalbibliothek

Die Deutsche Nationalbibliothek verzeichnet diese Publikation in der Deutschen Nationalbibliografie; detaillierte bibliografische Daten sind im Internet über http://dnb.d-nb.de abrufbar.

4., überarbeitete und erweiterte Auflage 2013
3., durchgesehene und ergänzte Auflage 2010
2., überarbeitete und erweiterte Auflage 2007
© 2005 dgvt-Verlag
Im Sudhaus
Hechinger Straße 203
72072 Tübingen

E-Mail: dgvt-Verlag@dgvt.de
Internet: www.dgvt-Verlag.de

Gestaltung und Satz: Die Kavallerie GmbH, Tübingen
Belichtung: KOPP – desktopmedia, Nufringen
Druck: Druckerei Deile GmbH, Tübingen
Bindung: Nädele Verlags- und Industriebuchbinderei, Nehren

ISBN 978-3-87159-318-5

Inhaltsverzeichnis

Vorwort zur 2. Auflage 7
Vorwort zur 4. Auflage 7

1 Zur Notwendigkeit dieser Publikation 9

2 Zum Ansehen der Sozialen Arbeit 10

3 **Methoden: Das Aushängeschild einer Wissenschaft** 13
3.1 Methoden und gesellschaftliche Anerkennung einer wissenschaftlichen Disziplin 13
3.2 Methoden und die akademische Anerkennung Sozialer Arbeit 15
3.3 Kriterien einer wissenschaftlichen Methode 15

4 **Ausgewählte Methoden der Sozialen Arbeit** 20
4.1 Die sogenannten Klassischen Methoden 20
4.2 Die sogenannte Beziehungsarbeit und das helfende Gespräch 21
4.3 Die therapeutischen Methoden 23
4.4 Verhaltensmodifikation als übergeordnete Methode der Sozialen Arbeit 25

5 **Das Vorgehen der Verhaltensmodifikation** 29
5.1 Stufenplan von der Informationsgewinnung bis zur Intervention 29
5.2 Die Anamnese 33
5.3 Grundlinie und Beobachtung 38
5.4 Abriss einiger wichtiger lernpsychologischer Aspekte der Verhaltensmodifikation 40
5.4.1 Belohnung und Bestrafung – operantes Konditionieren 40
5.4.2 Imitationslernen 45
5.5 Die Problemanalyse 47
5.5.1 Problemanalyse I – Verhalten in Situationen (horizontale Analyse) 47
5.5.2 Problemanalyse II – Ebene der Regeln und Pläne (vertikale Analyse) 54
5.5.3 Problemanalyse III – Veränderungsmotivation 56
5.6 Verhaltensmodifikation und Soziale Arbeit – eine Wertung 58

6 **Ausgewählte Bereiche verhaltensmodifikatorischer Interventionen** 60
6.1 Ein persönlicher Lösungsbogen 60
6.2 Operante Ansätze 63
6.3 Denken, Imagination und Verhalten 65
6.4 Desensibilisierungsverfahren 68
6.5 Gruppenverfahren 73
6.5.1 Progressive Muskelentspannung 74
6.5.2 Das Autogene Training 77
6.5.3 Laufen und Joggen 81
6.5.4 Euthyme Intervention – Genusstraining 85

7 **Anhang** 89
7.1 Anhang 1: Stichwortliste einer Anamnese 89
7.2 Anhang 2: Fragebogen zur Erfassung von Verstärkern 90
7.3 Anhang 3: Schema für „Verhalten in Situationen" (ViS) 94
7.4 Anhang 4: Persönlicher Lösungsbogen 95

7.5	Anhang 5: Entspannungsinstruktion zur Progressiven Muskelentspannung	97
7.6	Anhang 6: Entspannungsinstruktion zum Autogenen Training	99
7.7	Anhang 7: Joggingprogramm	101
8	**Literaturverzeichnis**	102

Vorwort zur 2. Auflage

Die kurze Zeit, in der die 2. Auflage dieser Verhaltensmodifikation erforderlich wurde, macht deutlich, wie groß der Bedarf nach einer solchen Publikation war. Die äußerst positiven Rückmeldungen zur ersten Auflage – insbesondere von Studierenden der Sozialen Arbeit – nehme ich als Verpflichtung, diese „Materialie" auf den neuesten Stand fortzuschreiben, ohne die Grundstruktur zu verändern.

Da inzwischen an der Fachhochschule Würzburg-Schweinfurt im Studiengang Soziale Arbeit der Bachelor-Studiengang mit einem explizit verhaltensorientierten (behavioralen) Profil gestartet ist, hat dieses Buch eine zusätzlich gestärkte Aktualität erhalten. Da mit der Einführung des „Bachelors" (Bachelor of Arts) der akademische Grad „Diplomsozialpädagoge" nicht mehr verliehen wird, habe ich im folgenden Text „Diplomsozialpädagoge" durch „Sozialpädagoge" ersetzt. Gemeint ist aber mit diesem Begriff immer die akademisch ausgebildete sozialpädagogische Fachkraft.

Neben einigen kleineren Veränderungen ist im Kapitel 5 ein völlig neues Unterkapitel hinzugekommen, die Desensibilisierung. Ich zeige dort, wie sie eher intuitiv in der Sozialen Arbeit eingesetzt wird, aber eine stringente empirische Grundlage hat.

Vorwort zur 4. Auflage

Der Erfolg dieser Verhaltensmodifikation, dokumentiert mit dieser 4. Auflage, zeigt, dass die Methode in der verhaltensorientierten Sozialen Arbeit ihren festen Platz gefunden hat. Nicht nur als Standardlektüre im Studiengang Soziale Arbeit an der Hochschule für angewandte Wissenschaften Würzburg-Schweinfurt hat diese Schrift ihren festen Platz. Vielmehr bekomme ich von zahlreichen Praktikern positive Rückmeldungen zu diesem Buch. Das spricht natürlich auch dafür, die inhaltliche Struktur im Wesentlichen beizubehalten.

Das frühere Kapitel 2 wurde in veränderter Form zum Kapitel 3, und das Kapitel 2 wurde neu eingefügt. Außerdem neu ist das Kapitel 6.5.4 mit den Euthymen Interventionsstrategien.

Ergänzt wurde bei der Problemanalyse die Signierung „V" für Verhalten durch das in Klammern gesetzte „R" (für Reaktion). Da doch zahlreiche Kollegen und Kolleginnen das aus den Anfängen der Problemanalyse stammende „R" beibehalten haben, führte dies unter den Studierenden gelegentlich zu Verwirrung. Ich hoffe, mit dieser Doppelsignierung diese Verwirrung etwas verringern zu können.

Danken möchte ich auch meinem Kollegen Como-Zipfel für seine zahlreichen Hilfen und Anregungen, die zur Verbesserung dieser Materialie beigetragen haben.

1 Zur Notwendigkeit dieser Publikation

Zuerst eine Anmerkung: In diesem Leitfaden benutze ich der besseren Lesbarkeit wegen nur die männliche Form. Es ist aber immer zugleich auch die weibliche Form gemeint.

Nachdem seit dem Wintersemester 2006/2007 an der Hochschule für angewandte Wissenschaften ein eindeutig verhaltensorientierter Bachelorstudiengang, und seit dem Sommersemester 2012 ein entsprechender Masterstudiengang „Soziale Arbeit" existieren, ist eigentlich eine weitere Begründung dieser Publikation entbehrlich. Da aber nach wie vor Vorurteile gegen die Verhaltensmodifikation als Methode der Sozialen Arbeit bestehen (vgl. hierzu Löbmann & Como-Zipfel, 2012), verbleibt dieses Kapitel im Buch.

Bisher fehlten bei der Methodendiskussion der Sozialen Arbeit einschlägige deutschsprachige Publikationen, die sich systematisch mit den Einsatzmöglichkeiten der Verhaltensmodifikation in der Sozialen Arbeit beschäftigen.

Nach anfänglichem Misstrauen der Verhaltensmodifikation gegenüber, konnte ich seit Antritt meiner Professur 1996 sowohl bei den Studierenden als auch bei den in der Praxis stehenden Kollegen eine zunehmende Begeisterung für die Verhaltensmodifikation feststellen. So meinten, bei einer Befragung an Praktikern der Sozialen Arbeit (Bartmann & Grün, 2004), über die Hälfte (52,9 %), sie würden Verhaltensmodifikation anwenden, *wenn* sie über die nötigen Kenntnisse verfügen würden. Diese Schrift soll daher auch gerade den in der Praxis arbeitenden Kollegen helfen, den Einstieg in diese effektive Methodik zu finden. Nach dem ersten Erscheinen dieses Buches Ende 2004 folgten weitere einschlägige Publikationen, wie z. B. Schermer, Weber, Drinkmann und Jungnitsch (2005). Somit dürfte ich eine neue Ära deutschsprachiger Publikationen in der Sozialen Arbeit eröffnet haben. Im englischsprachigen Raum gibt es durchaus entsprechende Veröffentlichungen unter dem Begriff „Behavioral Social Work" (Gambrill, 1995, 2006; Hudson & Macdonald, 1986; Cigno & Bourn, 1998). Wie Como (2010) aber darlegt, sind trotz der belegten Effektivität die Vorurteile – auch von Lehrenden – gegenüber einer verhaltensorientierten Sozialen Arbeit immer noch sehr groß.

Diese Arbeit, die bewusst in der Reihe „Materialien" des dgvt-Verlages erscheint, hat ausdrücklich *nicht das Ziel*, einen Methodenüberblick über die verschiedensten Ansätze der Sozialen Arbeit zu liefern. Die diesbezügliche Literatur greife ich nur in dem Rahmen auf, den ich zur Klarstellung und Abgrenzung von der Verhaltensmodifikation für nötig erachte. Anders formuliert: Ich referiere nicht unbeteiligt über die Verhaltensmodifikation, sondern ich nehme für sie dezidiert Stellung.

Es geht darum, durch eine möglichst knappe, aber auch konkrete Darstellung der Verhaltensmodifikation in der Sozialen Arbeit Sozialarbeiter und Sozialpädagogen für diese systematischen und empirisch fundierten Interventionen zu begeistern. Damit ist meine Überzeugung verbunden, so auch das gesellschaftliche Ansehen der Sozialen Arbeit zu verbessern.

Aus didaktischen Gründen gehe ich zunächst auf einige allgemeine Aspekte der Methodendiskussion ein. Die Definition und begriffliche Darstellung von Verhaltensmodifikation erfolgt daher erst im dritten Kapitel.

2 Zum Ansehen der Sozialen Arbeit

Die derzeitige gesellschaftliche und politische Diskussion wird zunehmend von Anzeichen eines gefährlichen Werteverfalls flankiert, und der Ruf nach einer moralischen Wende wird immer lauter. Dennoch verblüffen die meisten Politiker durch die Betonung auf wirtschaftliche und technische Entwicklungen und Zwangsläufigkeiten, ohne auf praktischer Handlungsebene tätig zu werden und Zeichen zu setzen. Berücksichtigt man dann noch, dass sich Spitzenmanager wiederholt und immer wieder hemmungslos bereichern im Angesicht von rund vier Millionen Arbeitslosen, darf man sich über einen allgemeinen Werteverfall und die Etablierung einer Ellbogengesellschaft nicht wundern. Walther (2005) weist darauf hin, dass von 1997 bis 2003 der Durchschnittsverdienst eines Bandarbeiters bei Daimler-Chrysler um 16 % gestiegen ist, während hingegen im gleichen Zeitraum die Gehälter der Vorstandsvorsitzenden um 190 % gestiegen sind.

Und der bekannte Journalist Franz Alt (2009) weist in einem Kommentar darauf hin, dass die wohlhabenden 10 % der Bevölkerung über 61 % des privaten Vermögens besitzen, aber die 70 % der weniger wohlhabenden nur 9 % des Nettovermögens.

So verwundert es dann nicht mehr so, dass selbst in vergleichsweise gut situierten europäischen Ländern soziale Unruhen möglich sind, wie sich 2005 in den französischen Vorstädten zeigte. Die sozialen Unruhen sollen damals Schäden in Höhe von 250 Millionen Euro gekostet haben. Und 2011 kam es in London zu schweren Krawallen in den sogenannten Problemstadtteilen. „Die Menschen leben hier wie eingepferchte Tiere", sagt die Journalistin Rizwana Hamid (2011) und fährt fort: „Es gibt einen hohen Grad an Entrechtung, einen hohen Grad an Arbeitslosigkeit, einen hohen Grad an Armut."

Auch ein Blick auf die sogenannten wirtschaftlichen „Schwellenländer" zeigt uns ein typisches Bild. Wir sehen dort enorme technische Leistungen – bis hin zu dem sinnlosen Bau einer Atombombe – und wirtschaftliche Erfolge, die nur einer kleinen Elite zugutekommen. Zugleich erschüttern soziale und darin mündende politische Unruhen diese Länder, weil die soziale Entwicklung mit dem technischen und wirtschaftlichen Erfolg nicht einhergeht. Spätestens hier zeigt sich: Soziale Arbeit ist kein Luxus reicher Staaten, sondern eine notwendige *staatserhaltende Kraft*.

Erfreulich ist, dass es in Deutschland so viele junge Menschen gibt, die sich für das Studium der Sozialen Arbeit entscheiden. Das gesellschaftliche Ansehen der Sozialen Arbeit – mit Ausnahme derer, die konkrete Hilfe durch Sozialpädagogen erfahren haben – ist allerdings eher mäßig. Es erscheint sinnvoll zu versuchen, neben den oben genannten politischen Gründen einige m. E. dafür verantwortliche Aspekte aufzugreifen.

Es gibt von Zeit zu Zeit immer wieder sogenannte „Berufsrankings", bei denen Berufe hinsichtlich ihres gesellschaftlichen Ansehens beurteilt werden. Hierbei erhalten Ärzte immer Spitzenpositionen. Das ist insofern vielleicht nicht verwunderlich, da doch jeder von uns irgendwann einmal Hilfe von einem Arzt erfahren hat. Dass – historisch betrachtet – einige medizinische Theorien (z.B. die ersten Behandlungswochen nach einem Herzinfarkt) nicht wenigen Patienten das Leben gekostet haben, fällt offensichtlich kaum ins Gewicht. Entschei-

2 Zum Ansehen der Sozialen Arbeit

dend für die Beurteilung ärztlichen Ansehens dürfte wohl das *konkrete Erleben effektiver Hilfe* (oder zumindest als effektiv *erlebter* Hilfe) sein und nicht irgendwelche medizinischen Theorien.

Ein Teil der fehlenden Wertschätzung der Sozialen Arbeit liegt möglicherweise darin, dass diese persönliche Erfahrung effektiver Hilfestellungen durch Sozialpädagogen bei vielen Menschen fehlt. In den Fällen, in denen solche konkreten Hilfen erlebt wurden, wandelt sich das Bild, wie Qualitätssicherungsstudien zeigen (z. B. Greten, Bartmann & Prestle-Pütz, 2001; Rehm, 2004). Wenn aber keine persönlichen Erfahrungen bestehen, ist das Problem unangemessener, ja auch vorurteilsbehafteter Vorstellungen über die Soziale Arbeit groß.

So gibt es z. B. die Meinung, dass Sozialarbeiter nur für Randgruppen – zu denen man sich selbst nicht so gerne zählt – zuständig seien. Sicherlich ist der Einsatz für die unterschiedlichsten Randgruppen der Gesellschaft ein Arbeitsfeld der Sozialen Arbeit. Sie darauf zu beschränken, ist allerdings wirklichkeitsfremd. Arbeitslosigkeit, Alkoholabhängigkeit, verhaltensauffällige Kinder in Schulen und Familien oder Überschuldung privater Haushalte – um nur einige Beispiele zu nennen – sind Massenphänomene, die sich keineswegs nur irgendwelchen Randgruppen zuordnen lassen.

Abbildung 1: *Die drei Säulen der Gesundheit*

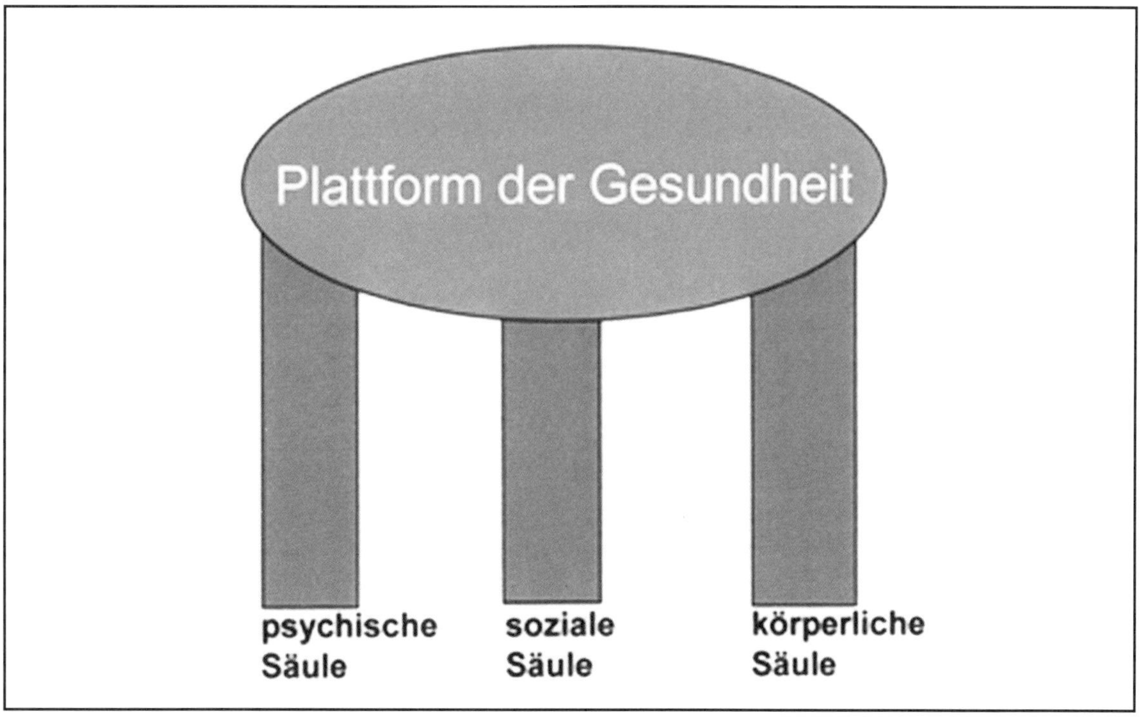

Hilfreich erscheint mir auch ein Blick auf die *WHO-Definition von Gesundheit*. Nach der WHO gehört dazu das *körperliche, seelische und soziale Wohlbefinden*. Wir können demnach *Gesundheit* als eine Plattform betrachten, die auf drei Säulen, nämlich der körperlichen, seelischen und sozialen Säule, ruht. Abbildung 1 versucht dies darzustellen.

Ein Mensch mit einer schweren *körperlichen Erkrankung*, z. B. Krebs, läuft Gefahr, auch psychisch zu dekompensieren (z. B. eine Depression zu bekommen) und sozial in eine Krise zu geraten (Verlust von Freunden, Bekannten, Arbeitsplatzverlust). Derjenige, der eine schwere *psychische Erkrankung* erleidet, wird häufig ebenfalls eine soziale Krise erleben (Stigmatisierung, Verlust von Freunden, Arbeitsplatzverlust). Und jemand, der körperlich und seelisch gesund ist, aber seine *soziale Basis* verliert (z. B. Familie, Arbeit, Wohnung), läuft in der Regel Gefahr, auch einen psychischen und körperlichen Einbruch zu erleben.

> **Wir halten fest:**
> - Wer in unserer Gesellschaft nur Wirtschaft und Technik favorisiert, darf sich nicht wundern, wenn das Ergebnis eine unsoziale Ellbogengesellschaft ist.
> - Soziale Arbeit ist eine staatstragende wissenschaftliche Disziplin.
> - Die soziale Säule ist für die Gesundheit eines Menschen ebenso wichtig wie die körperliche und psychische Säule.

3 Methoden: Das Aushängeschild einer Wissenschaft

3.1 Methoden und gesellschaftliche Anerkennung einer wissenschaftlichen Disziplin

Die Methoden einer Wissenschaft haben auch Auswirkungen auf das Ansehen der betreffenden Disziplin. Das gilt auch für die Soziale Arbeit. So vermittelt z. B. die öffentliche Diskussion um kostenintensive, sogenannte „erlebnispädagogische Maßnahmen" mit straffälligen Jugendlichen – meist ohne zuverlässige empirische Effektivitätsnachweise – der Bevölkerung ein eher negatives Bild von Sozialpädagogen, die in der Regel solche Maßnahmen durchführen.

Es sei hier ein Beispiel aus einer Nachbardisziplin der Sozialen Arbeit, nämlich der Psychologie, gegeben. Die Psychologie fristete Jahrzehnte lang in der öffentlichen Meinung ein Schattendasein. Trotz hervorragender Theorien wurden ihre Vertreter gern als „Spinner" abgetan. Nachdem sich die empirische Psychologie und im Zusammenhang damit die empirische Psychotherapie – namentlich die Verhaltenstherapie – durchsetzte, wandelte sich das Bild. Psychologen zeigten effektives Handeln und wurden in das Gesundheitsversorgungssystem integriert, nachdem sie die Effektivität ihrer Methoden so dokumentiert hatten, dass sie nicht mehr zu ignorieren waren.

Diesen Weg – Effektivitätsnachweis der Methoden – muss die Soziale Arbeit auch gehen. Dann verschwindet die Diskussion über das „Laberstudium" (schön, dass wir darüber gesprochen haben!) schneller, als manche Skeptiker glauben. Die Methode, die diesen Effektivitätsnachweis der Sozialen Arbeit erbringt, ist für mich die Verhaltensmodifikation.

Das gesellschaftliche Ansehen der Sozialen Arbeit ist keineswegs ein überflüssiger Luxus – nach dem Motto: Was schert mich die öffentliche Meinung. Soziale Arbeit benötigt, wie jede andere Profession, Geld. Geld für die Ausbildung von Sozialpädagogen, Geld für soziale Projekte und Geld für eine angemessene Bezahlung der Sozialpädagogen. Wird aber die Soziale Arbeit gesellschaftlich gering geschätzt, sieht es mit der Bereitschaft, dafür Geld zur Verfügung zu stellen, schlecht aus.

Schließlich darf ein weiterer wichtiger Punkt nicht vergessen werden. Viele Sozialpädagogen haben ein erschreckend niedriges Selbstbewusstsein – möglicherweise mitbedingt durch ein geringes Methodenbewusstsein. Wer aber sich selbst und seine Arbeit nicht wertschätzt, der darf sich nicht wundern, wenn er von seiner Umwelt dann auch keine Wertschätzung erfährt.

Zu dieser Thematik greife ich in meinen Lehrveranstaltungen folgende rhetorische Frage auf:

Was ist ein Sozialpädagoge?

Als Antwort liste ich auf:

Wenn ein Mensch mit ca. 22 bis 25 Jahren u. a.
- als Therapeut in der Behandlung Drogenabhängiger arbeiten kann
- als Familienberater/Familientherapeut arbeiten kann
- als pädagogische Fachkraft beraten kann
- als Schuldnerberater arbeiten kann
- als Betreuer die Rechte anderer mit Sachverstand vertreten kann
- soziale Probleme analysieren und soweit wie möglich lösen kann
- Lehrern im Umgang mit verhaltensauffälligen Kindern helfen kann
- Arbeitslosen wieder Mut machen kann
- Straftäter bei der Resozialisierung unterstützen kann
- psychisch Kranken und Behinderten zur Integration verhelfen kann
- im sozialpsychiatrischen Dienst eine Schlüsselrolle einnehmen kann
- soziale Organisationen führen kann
- die politischen Dimensionen sozialer Probleme analysieren kann
- und noch vieles mehr, und das alles *wissenschaftlich fundiert*:

dann ist er kein Wunderkind, sondern **ein Sozialpädagoge!**

Den Erstsemestern dieses Studiums versuche ich die Bedeutung von Sozialpädagogen mit diesem Beispiel, das ich von einem Werbeplakat für den Beruf des Erziehers abgeleitet habe (Kiga heute, 1997), deutlich zu machen. Tatsächlich gibt es in der psychosozialen Versorgung *keine* andere Berufsgruppe mit einer so komplexen und umfassenden Qualifikation. Sozialpädagogen erwerben im Studium

- psychologische Kenntnisse
- pädagogische Kenntnisse
- soziologische Kenntnisse
- wissenschaftstheoretische Kenntnisse
- methodische Kenntnisse
- juristische Kenntnisse
- politologische Kenntnisse
- medizinische Kenntnisse

Es bedarf einer Methodik, die diese Fächervielfalt integrieren kann, und ich hoffe, es gelingt mir, deutlich zu machen, dass die Verhaltensmodifikation als Methode der Sozialen Arbeit dies kann.

> **Wir halten fest:**
> - Wissenschaftliche Methoden in der Sozialen Arbeit erhöhen das gesellschaftliche Ansehen der Sozialen Arbeit.

3.2 Methoden und die akademische Anerkennung Sozialer Arbeit

Im Jahr 2001 wurde die Soziale Arbeit in Deutschland durch die Hochschulrektorenkonferenz (HRK) und die Kultusministerkonferenz (KMK) offiziell als Fachwissenschaft anerkannt. Aber machen wir uns nichts vor: Nicht wenige Vertreter anderer akademischer Disziplinen bezweifeln den wissenschaftlichen Status der Sozialen Arbeit. Auch hier zeigt sich ein ähnliches Bild wie in Kapitel 2 bereits angesprochen: Die Berufsgruppen, die konkrete, beruflich bedingte Erfahrungen mit Sozialpädagogen haben, nehmen in aller Regel eine positive Wertschätzung dieses akademischen Berufes vor. Dies zeigen Beurteilungen der Sozialen Arbeit durch Ärzte und Psychologen in psychiatrischen Kliniken, die konkret mit Sozialpädagogen zusammenarbeiten (Seifert, Beckring & Geißler, 2001; Feßler, 2006).

Den Versuch, das akademische Anerkennungsdefizit der Sozialen Arbeit mit einer *Theorie der Sozialen Arbeit* abzubauen, halte ich für einen Irrweg. Ich verweise wieder auf das vorhergehende Kapitel mit dem Beispiel der Nachbardisziplin Psychologie. Die vielen hervorragenden Theorien haben für die Psychologie weitaus weniger bewirkt als die *Hinwendung zu empirisch fundierten Methoden*. Der Nachweis der Effektivität durch systematische empirische Evaluationen – ein bedeutsamer Teilaspekt der Verhaltensmodifikation – brachte der Psychologie ihr akademisches Ansehen. Nebenbei bemerkt: Es gibt auch keine „Theorie der Medizin" oder „Theorie der Psychologie", sondern nur zu bestimmten Teilbereichen der Disziplinen medizinische Theorien oder psychologische Theorien. Die am weitesten akzeptierte Wissenschaftstheorie ist der kritische Rationalismus (Albert, 1971), dem sich die meisten empirisch orientierten Wissenschaften verpflichtet fühlen. Dies sollte auch für die Soziale Arbeit gelten.

Konzentrieren wir uns also auf methodische Vorgehensweisen, die den kritischen Blick empirisch orientierter Wissenschaften nicht zu scheuen brauchen. Die Verhaltensmodifikation bietet hierzu das notwendige Rüstzeug.

> **Wir halten fest:**
> - Empirisch fundierte Methoden in der Sozialen Arbeit erhöhen das akademische Ansehen der Sozialen Arbeit.

3.3 Kriterien einer wissenschaftlichen Methode

Welche Bedingungen muss nun eine Methode erfüllen, damit sie den empirisch orientierten Wissenschaften entspricht? In Anlehnung an Kriterien, die ich vor geraumer Zeit für die Akzeptanz einer Therapie formuliert habe (Bartmann, 1989), lässt sich ein von einer Methode der Sozialen Arbeit zu erfüllender Kriterienkatalog definieren. Er ist in der Übersicht 1 wiedergegeben.

Gehen wir diese Kriterien einzeln durch:

1. Einen oder mehrere definierte, zu lösende Problembereiche:

Soziale Arbeit wirkt nicht im auftragsfreien Raum. Es muss vor Beginn einer Maßnahme klar sein, um welches Problem es sich handelt – reiner Aktionismus hat mit zielgerichtetem Handeln

Übersicht 1

Kriterien, die eine wissenschaftliche Methode der Sozialen Arbeit erfüllen muss
1. Einen oder mehrere definierte, zu lösende *Problembereiche*. 2. Ein *präzisiertes Vorgehen* bei der Problemlösung. 3. *Empirische Belege für die Wirksamkeit* der Vorgehensweise, sei es allein oder in Kombination mit anderen Maßnahmen. 4. Eine *wissenschaftlich fundierte Theorie* über den Wirkungsmechanismus der Intervention. 5. Die *Festlegung der Qualifikation* derjenigen, die diese Methode ausüben wollen. 6. Die *Befähigung* der Klienten, *sich langfristig selbst helfen* zu können. 7. Die Kontrolle unerwünschter *Nebenwirkungen*. 8. Die Präzisierung von *Kontraindikationen* dieser Vorgehensweise. 9. Die Vorgehensweise muss *ethisch vertretbar* sein.

nichts zu tun. Der Problembereich sollte möglichst genau beschrieben werden und darf sich nicht in allgemeinen Formulierungen bewegen. Die Äußerung eines Elternteils, „Das Kind ist aggressiv", ist wenig präzis. Was macht das Kind konkret? Schlägt es oder wirft es mit Gegenständen? Oder schreit es herum und beschimpft die Eltern? Eine eindeutige, operationalisierte Problembeschreibung erleichtert eine mögliche Lösung erheblich.

2. Ein präzisiertes Vorgehen bei der Problemlösung:
„Der Weg entsteht beim Gehen" lautet eine beliebte Formulierung – beliebt bei denen, die keinen vernünftigen Plan haben, was sie machen wollen. Die Klienten der Sozialen Arbeit sind keine Versuchskaninchen, bei denen inkompetente Helfer mal dieses, mal jenes probieren dürfen. Wir brauchen eine klare Vorgehensweise, wie die Lösung des Problems zu geschehen hat. Dazu gehört bei komplexen Problemen – wie zum Beispiel bei Erziehungsproblemen – erst einmal eine umfassende Informationssammlung bei allen Beteiligten. Wir werden das später im Rahmen der systematischen Problemanalyse noch näher kennenlernen.

3. Empirische Belege für die Wirksamkeit der Vorgehensweise, sei es allein oder in Kombination mit anderen Maßnahmen:
Es reicht nicht aus, dass wir subjektiv der Meinung sind, unsere Intervention habe dem Klienten geholfen. Auch Einzelfallbeobachtungen, bei denen sich die Wirksamkeit einer Vorgehensweis-

3.3 Kriterien einer wissenschaftlichen Methode

se bestätigt, reichen nicht aus. Sie können im Rahmen von Forschungsprozessen nur am Anfang kontrollierter umfangreicherer Studien stehen. Wenn es systematische, methodisch brauchbare vergleichende Effektivitätsstudien über sog. erlebnispädagogische Maßnahmen gäbe, hätte ich kein Problem, solche Maßnahmen bei entsprechender Indikation zu akzeptieren. Solange es solche Studien aber nicht gibt (ich kenne keine), handelt es sich um Glaubensbekenntnisse, für die im Methodenbereich kein Platz ist. Soziale Arbeit wird in der Regel von der Allgemeinheit finanziert, und die kann mit Recht erwarten, dass Verfahren zur Anwendung kommen, deren Effektivität belegt ist. Dazu muss natürlich auch das Instrumentarium des Effektivitätsnachweises von den Sozialpädagogen beherrscht werden.

4. Eine wissenschaftlich fundierte Theorie über den Wirkungsmechanismus der Intervention:
Wissenschaftliche Methoden verlangen neben dem Effektivitätsnachweis auch ein theoretisches Erklärungsmodell, *warum* diese Maßnahme erfolgreich ist. Diese Theorien sind immer vorläufig und müssen gegebenenfalls durch neuere Erkenntnisse wieder verändert werden. Das ist nicht selten der Weg, der wiederum zu neuen Interventionen führt. Brauchbare Theorien kommen häufig erst geraume Zeit später, nachdem sich bereits eine Maßnahme als effektiv erwiesen hat. Wichtig erscheint mir aber, sich immer um solche Theorien zu bemühen. Wir stehen schon in der Verpflichtung, unseren Klienten zu erklären, wie die von uns intendierte Methode denn wirkt (bzw. wir aufgrund des derzeitigen Wissensstandes davon ausgehen müssen, wie sie wirkt!).

5. Die Festlegung der Qualifikation derjenigen, die diese Methode ausüben wollen:
Es gibt, insbesondere unter denen, die die Soziale Arbeit gering schätzen, gelegentlich die irrige Vorstellung, sozialpädagogische Interventionen könne jeder durchführen. Natürlich gibt es engagierte Laienhelfer, die im sozialen Bereich wertvolle Arbeit leisten, aber keineswegs die Methoden der Sozialen Arbeit beherrschen, die wissenschaftlichen Kriterien entsprechen. Qualifizierte Soziale Arbeit kann nur von denen geleistet werden, die diese Befähigung in einem entsprechenden Hochschulstudium zum Sozialpädagogen oder Sozialarbeiter erworben haben. Genauso wenig wie ein Privataktionär ein Wirtschaftswissenschaftler ist, ist ein sozial engagierter Mensch ein Sozialpädagoge.

6. Die Befähigung der Klienten, sich langfristig selbst helfen zu können:
Soziale Arbeit leistet Einzelnen, Gruppen oder einem Gemeinwesen Hilfestellung. Nur wenn diese Hilfestellung vom *Ansatz her* so angelegt ist, langfristig überflüssig zu werden, entspricht sie dem hier befürworteten wissenschaftlichen Methodenansatz. Hilfestellung darf also nicht so konzipiert sein, dass sie Abhängigkeiten schafft. Das schließt nicht aus, dass es Problemlagen in der Sozialen Arbeit gibt, bei denen dauerhafte Hilfestellung notwendig ist. Ziel muss aber immer eine langfristig größtmögliche Autonomie der Klienten sein.

7. Die Kontrolle unerwünschter Nebenwirkungen:
Aus dem Bereich der Medizin ist uns allen vertraut, dass Medikamente neben der erwünschten therapeutischen Wirkung in aller Regel unerwünschte Nebenwirkungen haben. Auch bei zwi-

schenmenschlichen Interventionen ist ein solcher Aspekt möglicher unerwünschter Wirkungen zu beachten. Wenn ich mit einem unsicheren Menschen ein Selbstbehauptungstraining erfolgreich durchführe, hat dies auch Auswirkungen auf die Sozialkontakte dieser Person. Möglicherweise ergeben sich neue Konflikte, weil nun das neue, selbstsichere Verhalten als störend erlebt wird. In diesem Beispiel bedeutet das, sowohl den Klienten als auch – soweit erreichbar – seine soziale Umwelt auf das neue Verhalten vorzubereiten (also die Nebenwirkungen zu kontrollieren), um so mögliche Konflikte zu minimieren.

8. Die Präzisierung von Kontraindikationen dieser Vorgehensweise:
Schließlich gibt es Interventionen, die für bestimmte Klienten kontraindiziert sind, d. h., bei diesen nicht eingesetzt werden dürfen. So kann es zwar sinnvoll sein, in einer Drogenberatungsstelle einen Klienten, der zu viel Alkohol trinkt, aber (noch) nicht abhängig ist, zum mäßigen Alkoholkonsum anzuleiten. Für Menschen, die bereits alkoholabhängig sind, wäre diese Methode in aller Regel kontraindiziert, da sie nach derzeitigem Wissensstand nur selten wieder in der Lage sind, ihren Alkoholkonsum zu kontrollieren.

9. Die Vorgehensweise muss ethisch vertretbar sein:
Es gibt Interventionen, die zu einem gewünschten Erfolg führen können, aber unter ethischen Gesichtspunkten nicht vertretbar sind. So beschreibt Amy Chua (2011), wie sie mit drakonischen Maßnahmen versuchte, Ihre Töchter zu erfolgreichen Musikerinnen zu drillen (erziehen möchte ich das Vorgehen nicht nennen, auch wenn sie selbst das als „chinesische Erziehung" schönredet). Unter dem Druck der Mutter hatten die Kinder im Alter von 5 Jahren täglich mindestens 90 Minuten an ihrem Instrument zu üben. Unter anderem drohte sie ihrer Tochter Sophia: „Wenn das beim nächsten Mal nicht perfekt ist, nehme ich dir sämtliche Stofftiere weg und verbrenne sie" (S. 34). Und als ihre Tochter Lulu sich weigerte, sich wunschgemäß am Klavier zu verhalten, stellte sie sie bei sechs Grad unter Null zur Strafe nur mit einem Pullover, einem Faltenrock und einer Strumpfhose bekleidet vor die Verandatür (S. 18–19). Solche „Methoden" sind inhuman und – selbst wenn sie „erfolgreich" sein sollten (bei den beiden Kindern von Chua waren sie es nur bei einem Kind) – ethisch nicht vertretbar.

Diese neun Kriterien sollten von wissenschaftlichen Methoden, die in der Sozialen Arbeit zum Tragen kommen, erfüllt werden. Dabei darf nicht verkannt werden, dass – insbesondere im Rahmen der Entwicklung neuer Interventionen – nicht von Anfang an alle Kriterien erfüllt sein können. Solche Neuerungen können dann aber auch noch nicht den Anspruch erheben, als Standardmethode eingesetzt zu werden, und gehören in die Hand der wissenschaftlich forschenden Vertreter der Sozialen Arbeit.

Gelegentlich werde ich den Eindruck nicht los, dass der Grund für die Ablehnung wissenschaftlicher, empirischer Methoden bei einigen Vertretern der Sozialen Arbeit in der Angst begründet ist, im Rahmen einer Ergebnisevaluation mit einer Erfolglosigkeit ihrer Vorgehensweise konfrontiert zu werden.

3.3 Kriterien einer wissenschaftlichen Methode

> **Wir halten fest:**
> - Methoden der Sozialen Arbeit müssen dem Kriterienkatalog empirischer Methoden entsprechen, wenn sie akademisch und gesellschaftlich anerkannt werden wollen.

4 Ausgewählte Methoden der Sozialen Arbeit

Wenngleich dieser Leitfaden nicht das Ziel einer umfassenden Methodendarstellung hat, erscheint es notwendig, auf zwei Aspekte der Methodendiskussion einzugehen. Dies sind zum einen der Bereich der sogenannten klassischen Methoden und die damit verbundene Beziehungsarbeit sowie das helfende Gespräch und zum anderen die therapeutischen Methoden.

4.1 Die sogenannten Klassischen Methoden

Als die klassischen Methoden (auch als „primäre Methoden" bezeichnet) der Sozialen Arbeit gelten:
- Einzelfallhilfe
- Gruppenarbeit
- Gemeinwesenarbeit

Kurz skizziert bedeuten diese drei Begriffe Folgendes:

Einzelfallhilfe gilt als eine berufliche Praxis, in der Kenntnisse der Wissenschaften vom Menschen benutzt werden, um Fähigkeiten des Einzelnen und Hilfsquellen der Gemeinschaft zu aktivieren, um eine bessere Anpassung der Klienten an ihre Umwelt herbeizuführen (in Anlehnung an Pfaffenberger, 1995).

Gruppenarbeit bezeichnet eine Methode, bei der Kenntnisse, Meinungen und Verhaltensweisen von Individuen in Kleingruppen zum Gegenstand und gleichzeitig zum Medium sozialpädagogischer Einflussnahme gemacht werden (in Anlehnung an Müller, 1996).

Gemeinwesenarbeit ist die zusammenfassende Bezeichnung verschiedener Arbeitsformen, die auf die Verbesserung der soziokulturellen Umgebung als problematisch definierter, territorial oder funktional abgegrenzter Bevölkerungsgruppen (Gemeinwesen) gerichtet ist. Es geht bei der Gemeinwesenarbeit primär um die Bedürfnisse der Gesellschaft und nur indirekt über diese um die Bedürfnisse des Einzelnen (in Anlehnung an Ludes, 1995).

Es stellt sich bei diesen drei Begriffen die Frage, ob es sich hierbei wirklich um Methoden handelt. Diese Frage wird kontrovers diskutiert und ist ideologiebelastet. Bei nüchterner Betrachtung handelt es sich um *Arbeitsfelder,* in denen äußerst *verschiedene Methoden* zum Tragen kommen, aber es sind *keine eigenständigen Methoden.* Für sich genommen sind alle drei völlig nichtssagend.

Bei allen drei Arbeitsfeldern ist nach dem in Kapitel 3 erläuterten Katalog zu fragen:

- Was ist
- bei wem
- warum

- mit welchem Ziel
- mit welcher wissenschaftlichen Methode zu tun?

Bei der in diesem Leitfaden dargestellten Verhaltensmodifikation handelt es sich um eine Interventionsform für die Soziale Arbeit, die vornehmlich in dem Arbeitsfeld der Einzelfallhilfe, aber auch auf dem Gebiet der Gruppenarbeit zur Anwendung kommt.

> **Wir halten fest:**
> - Die sogenannten klassischen Methoden sind keine Methoden, sondern Arbeitsfelder, in denen bestimmte Methoden einzusetzen sind.

4.2 Die sogenannte Beziehungsarbeit und das helfende Gespräch

Galuske (2007) behauptet unter Hinweis auf die angeblichen Gemeinsamkeiten der Konzepte zur Einzelfallhilfe u. a., dass „wesentliches Medium dieses Hilfeprozesses ... die ‚helfende Beziehung' zwischen Klient und Sozialarbeiter" (S. 79) sei.

Bei seinen Ausführungen wird der Versuch erkennbar, die sogenannte „helfende Beziehung" zu einem methodischen Instrument hochzustilisieren. Jede Interaktion zwischen Menschen beinhaltet eine Beziehung. Ist die Interaktion vertrauensvoll und von gegenseitigem Respekt begleitet, spricht man in der Regel nicht nur von einer *guten Interaktion,* sondern häufig auch von einer „guten Beziehung". Eine gute Beziehung ist somit das *Ergebnis einer guten Interaktion,* aber keineswegs ein methodischer Zugang. Wenn ich mit einem Klienten eine gute Interaktion habe, ist das sehr hilfreich und meistens eine Voraussetzung für weiteres Handeln mit dem Klienten – eine effektive Methode ist das deswegen noch lange nicht. Oder noch schärfer formuliert: Die helfende Beziehung kann keine wissenschaftliche Methode nach den obigen Kriterien (Kap. 3) ersetzen.

Eine Besonderheit können Klienten darstellen, die im Laufe ihrer biografischen Entwicklung so schwerwiegende Verletzungen und Enttäuschungen erfahren haben, dass sie zu keinem Menschen mehr Vertrauen haben. Hier kann es durchaus notwendig sein, die nötige Geduld aufzubringen, bis diese Menschen dem Berater gegenüber Vertrauen entwickeln. Das kann auch in solch schwerwiegenden Fällen eine längere Zeit in Anspruch nehmen, da der Klient ja erst die Erfahrung machen muss, dass ihn der Berater nicht auch enttäuscht. Manche Sozialpädagogen nennen dies „Beziehungsarbeit". Ich halte diesen Begriff nicht für so hilfreich, denn diese Vertrauensentwicklung ist nichts anderes als ein langwieriger Lernprozess.

Eine *gute Beziehung* bedeutet aus behavioraler (verhaltensorientierter) Sicht folgende Aspekte:

Wichtig ist vor allem, dass die Klienten Vertrauen zum Berater haben. Das Vertrauen soll so groß sein, dass die Klienten über jedes ihrer Probleme sprechen können. In ihrem Bemühen, ihr Verhalten zu ändern, sollen sie die hierfür notwendige Unterstützung durch die Berater erfahren. Weiterhin sollen die Klienten das Gefühl haben, akzeptiert und wertgeschätzt zu werden. Außerdem sollten die Berater versuchen, die Sichtweise der Klienten zu deren Problemen zu verstehen – was keineswegs gleichbedeutend ist mit „akzeptieren". Die Berater sollen ihre Vorgehensweise in der Beratung und Hilfestellung erklären und ein zielorientiertes Verhalten der Klienten verstärken (in enger Anlehnung an Schuster, 1999, S. 60).

Diese Aspekte einer guten Interaktion – guten Beziehung – zwischen Berater und Klient gelten selbstverständlich auch für die Verhaltensmodifikation als Methode der Sozialen Arbeit.

In diesem Zusammenhang erscheint es mir wichtig, auf einen wesentlichen Bereich der Interaktion in der Sozialen Arbeit hinzuweisen: Es handelt sich nämlich um eine *asymmetrische Interaktion*. Konkret heißt dies, bei der Rollenverteilung zwischen dem Klienten und dem Berater hat Letzterer eine eindeutige *dominante (bestimmende) Rolle*. Der Klient hat eine *komplementäre (ergänzende) Rolle*. Wir kennen diese Rollenverteilung z. B. aus der Lehrer-Schüler-Rolle, die der Rollenverteilung in der Sozialen Arbeit stark entspricht.

Eine symmetrische Rollenverteilung würde vorliegen, wenn zwei Experten über ihr Fachgebiet diskutieren und keiner von beiden eine dominante Rolle einnimmt. Gelegentlich akzeptieren Klienten die dominante Rolle des Beraters und die eigene komplementäre Rolle nicht. Das Ergebnis kann dann ein unfruchtbarer Dialog werden, bei dem der Klient die fachlichen Ratschläge und Anleitungen fortlaufend infrage stellt und seine eigenen Einschätzungen der Problemlösungen für gleichwertig hält. Schuster (1999) spricht hier von *symmetrischer Eskalation* – von einigen Kollegen auch als *Widerstand* bezeichnet.

Ein weiterer problematischer Aspekt in der Methodendiskussion der Sozialen Arbeit ist die *Gesprächsführung*. Natürlich ist die Sprache – und somit das Gespräch – das Medium der Kontaktaufnahme zwischen Klient und Berater. Aber auch ein Verkäufer, Versicherungsvertreter, ja jeder Mensch benötigt diese Fähigkeit zur verbalen Kommunikation.

Für alle Interventionen benötigen wir umfangreiche Informationen von unseren Klienten. Manchmal sind sie verstockt und verunsichert oder haben einfach Schwierigkeiten, das, was sie bedrückt, in Worte zu fassen. Solchen Klienten durch eine einfühlsame Gesprächsführung bei ihrer Verbalisation zu helfen, um die relevanten Informationen für das akute Problem zu bekommen, ist sicherlich wichtig. Diese Form der Informationsgewinnung kann und sollte durchaus bei dem Klienten zu Einsichten in sein Verhalten und Erleben führen, was auch schon mal zu kleineren Verhaltensänderungen führen *kann*. Insoweit ist es sinnvoll und wichtig, systematisch Gesprächsführungstechniken zu erlernen; aber sie sind für sich allein genommen in aller Regel noch keine gezielte Intervention. Auch hier gilt: Gesprächsführungstechniken sind eine Voraussetzung – keine eigenständige Intervention.

Da in der Interaktion von Berater und Klient dem Medium Sprache neben schriftlichen Befragungsmethoden und den Beobachtungsmethoden eine zentrale Rolle zukommt, ist es vielleicht verständlich, dass viele Sozialpädagogen sich der Gesprächspsychotherapie zugewandt haben. Wenn ein Arbeitsloser deswegen keine Stelle bekommt, weil er in Bewerbungssituationen so aufgeregt ist, dass er seine Fähigkeiten nicht deutlich machen kann, hilft ihm ein Gespräch herzlich wenig. Ich muss mit ihm das konkrete Bewebungsverhalten, z. B. im Rollenspiel, *üben und trainieren*. Aus einem Gespräch eine Methode der Sozialen Arbeit zu machen heißt, all den

Lästerzungen, die bei dem Studium der Sozialen Arbeit von einem „Laberstudium" – mit den entsprechenden Witzchen – sprechen, recht zu geben.

> **Wir halten fest:**
> - Eine gute Beziehung zum Klienten und eine geschickte Gesprächsführung sind wichtige Voraussetzungen für alle weiteren Interventionen, aber keine eigenständigen Methoden der Sozialen Arbeit.

4.3 Die therapeutischen Methoden

Hoffmann (1977) führt in seinem nach wie vor aktuellen Buch zur therapeutischen Sozialarbeit aus, dass nach dem I. Weltkrieg in den USA zu der traditionellen Klientel amerikanischer Sozialarbeiter – den Armen und sozial schlecht Angepassten –Kriegsheimkehrer hinzukamen. Deren Probleme waren weniger materieller, sondern mehr psychischer Natur. Für deren Versorgung wurde ein dichtes Netz psychiatrischer Dienste aufgebaut, in die immer mehr Sozialarbeiter als mitverantwortlich für die Betreuung und Behandlung integriert wurden. Wir sprechen heute bei diesem Bereich der Sozialen Arbeit von Klinischer Sozialarbeit.

Hoffmann führt aus: „Während anfangs durch diese Entwicklung lediglich ein spezialisiertes Teilgebiet der Sozialarbeit, nämlich ‚psychiatrische Sozialarbeit' sich auszubreiten schien, setzte sich später immer mehr die Auffassung durch, der psychiatrische Standpunkt habe die Grundlage jeglicher Sozialarbeit zu sein" (1977, S. 8).

Bereits im vorhergehenden Abschnitt wurde darauf hingewiesen, dass nicht wenige Vertreter der Sozialen Arbeit die Gesprächsführung als Methode ansehen möchten. Von daher ist es nicht verwunderlich, dass unter den therapeutischen Methoden die Gesprächspsychotherapie besonders geschätzt wurde.

Weitere therapeutische Verfahren, die in diesem Zusammenhang häufig genannt werden, sind Familientherapie, insbesondere systemische Familientherapie, Gestalttherapie und verschiedenste tiefenpsychologische Verfahren. Die Verhaltenstherapie kommt überwiegend im Rahmen suchttherapeutischer Weiterbildungen zum Sozialtherapeuten zum Tragen. Verhaltensmodifikation als eigenständiges Verfahren – das sowohl als therapeutische als auch als nicht therapeutische Methodik angesehen wird – wird hier kaum genannt.

In weiten Bereichen der Sozialen Arbeit sind die sogenannten therapeutischen Methoden unverzichtbar. Die Stellen im Arbeitsfeld mit psychisch Kranken und suchtkranken Menschen machen einen großen Teil der derzeit angebotenen Stellen aus. In etwa der Hälfte dieser Stellen wird eine abgeschlossene oder noch laufende therapeutische Zusatzqualifikation erforderlich. Wer also in diesem Bereich als Sozialpädagoge arbeiten will, kommt kaum um die Beherrschung therapeutischer Methoden herum.

Um dies zu verdeutlichen, habe ich in Übersicht 2 in vereinfachter Form die Tätigkeitsmerkmale von Sozialpädagogen nach der bundeseinheitlich verbindlichen Personalverordnung Psychiatrie (Psych-PV, Kunze & Kaltenbach, 1994) wiedergegeben. Dort ist explizit von therapeutischer Arbeit die Rede und sie zeigt, in welch hohem Ausmaß therapeutische Qualifika-

Übersicht 2

1. Sozialpädagogische Grundversorgung
• Mitwirkung bei Anamnese und Befunderhebung und Therapieplanung (Sozialanamnese und psychosoziale Diagnostik) • Klärung von Anspruchsvoraussetzungen gegenüber Leistungsträgern • Hilfen zur finanziellen Sicherung des Lebensunterhaltes • Dokumentation
2. Einzelfallbezogene und sozialpädagogische Behandlung
• Sozialtherapeutisches Kompetenztraining • Sozialtherapeutische Einzelfallhilfe zur Wiedereingliederung im Wohnbereich sowie im familiären und gesellschaftlichen Leben • Hilfe zur Wiedereingliederung im Arbeitsbereich • Familienberatung und Mitwirkung an Familientherapien
3. Gruppenbezogene Behandlung
• Sozialpädagogische und sozialtherapeutische Gruppen (z. B. lebenspraktische Gruppen zur Erweiterung sozialer Kompetenz) • Teilnahme an Stationsversammlungen • Mitwirkung an Angehörigengruppen
4. Mittelbar patientenbezogene Tätigkeiten
• Teilnahme an Therapiekonferenzen und Konzeptbesprechungen im Team • Zusammenarbeit mit Diensten außerhalb des Krankenhauses • Teilnahme an Fortbildungsveranstaltungen, Supervision

Regelaufgaben für Sozialarbeiter und Sozialpädagogen nach der Psychiatrie-Personalverordnung (Psych-PV), vereinfacht nach Kunze und Kaltenbach (1994)

tionen von den Vertretern der Sozialen Arbeit erwartet werden. Wenngleich diese Psych-PV in der konkreten Bemessung des Personals psychiatrischer Kliniken zukünftig durch die sogenannten Fallpauschalen abgelöst wird, ist die Auflistung der *Aufgabenfelder* für Sozialpädagogen in der Psychiatrie äußerst hilfreich.

In vielen Beiträgen zu den sozialpädagogischen Methoden klingt die Angst an, diese therapeutischen Methoden würden dem Ansehen der Sozialen Arbeit schaden, weil es sich nicht um genuin sozialpädagogische Interventionen handele. Diese Befürchtung halte ich für wirklichkeitsfremd. Soziale Arbeit muss alle *empirisch belegten* Verfahren nutzen, will sie Klienten wirklich helfen und zudem gesellschaftliche und wissenschaftliche Anerkennung erfahren.

Schauen wir doch einmal zur Medizin: Der große medizinische Fortschritt wäre ohne Übernahme von Methoden aus Nachbarwissenschaften wie der Biologie oder Chemie oder auch Physik gar nicht denkbar. Die Röntgenstrahlen wurden genauso wenig von und für die Medizin entdeckt wie die Lasertechnik – aber beide sind in der modernen Medizin nicht mehr wegzudenken. Auch von dem Verhältnis der Medizin zur Verhaltenstherapie kann die Soziale Arbeit für ihr Methodenverständnis viel lernen. Die Verhaltenstherapie ist von der gesamten Entwicklung her eine psychologische Intervention. Nachdem in berufspolitischen Auseinandersetzungen diese Form der Psychotherapie nicht mehr zu ignorieren war, wurde sie flugs von der Medizin aufgesogen und von Medizinern als eine *ihrer* Methoden präsentiert. Es gab keine Minderwertigkeitsgefühle, nun mit Methoden einer anderen Profession – nämlich der Psychologie – zu arbeiten. Diese Selbstsicherheit wünsche ich mir auch in der Sozialen Arbeit, nämlich zu sehen: Sozialpädagogen arbeiten interdisziplinär und müssen effektive Verfahren unabhängig von ihrer Herkunft einsetzen und von dem zwanghaften Bemühen, nur sogenannte eigenständige Methoden zu nutzen, endlich loskommen.

> **Wir halten fest:**
> - Therapeutische Methoden spielen in der Sozialen Arbeit, und hier ganz besonders in der klinischen Sozialarbeit, eine wichtige Rolle.
> - Soziale Arbeit muss alle wissenschaftlich gesicherten Verfahren einsetzen, mit denen sie ihren Klienten helfen kann.

4.4 Verhaltensmodifikation als übergeordnete Methode der Sozialen Arbeit

Kommen wir nun zum eigentlichen Thema dieses Leitfadens, der Verhaltensmodifikation (im folgenden Text mit VM abgekürzt). Der Verhaltensbegriff wird in der VM sehr weit gefasst. Wenn hier von Verhalten gesprochen wird, ist *nicht* – wie im früheren Behaviorismus (Watson, 1930/97) – nur das direkt beobachtbare Verhalten gemeint. Unter dem modernen Verhaltensbegriff werden ebenso Einstellungen, Gefühle und körperliche Reaktionen gemeint, also *nicht direkt beobachtbares Verhalten*. Allerdings gilt – innerhalb genetisch festgelegter Bereiche – das Verhalten in der VM als *erworben* und damit *veränderbar*.

Verhalten in diesem Sinne erfasst „… jede Handlung, die sich zwischen einem Organismus und seiner biologischen, dinglichen und sozialen Umwelt abspielt", führen Fliegel und Heyden (1994, S. 13) aus und sagen an anderer Stelle (S. 41): „Der verwendete Verhaltensbegriff umfaßt neben kognitiven und emotionalen Aspekten auch in hierarchischem Verhältnis zueinander stehende Regeln und Pläne des Menschen [vgl. Kap. 4.5.2, Anm. d. Verfassers] sowie die Regeln der sozialen Systeme, in denen der Klient lebt."

Nimmt man den Begriff VM wortwörtlich, dann besagt er nichts anderes, als dass Verhalten verändert, also modifiziert wird. Modifikation des Verhaltens findet praktisch überall statt: In der Erziehung (z. B. Reinlichkeitserziehung), in der Schule (z. B. Erlernen einer Sprache) oder im Beruf (Erwerb spezifischer Fertigkeiten). Letztlich ist auch die sogenannte „Lebenserfahrung" nichts anderes als die Summe der bis dahin durch Erfahrung bedingten Verhaltensmodifikationen. Nun geschieht diese Form von VM in den meisten Fällen wenig planmäßig und zum Teil auch mit ineffektiven Strategien.

Der Begriff der VM als wissenschaftliche Methode ist sehr viel anspruchsvoller. Ihre Bedeutung erhielt die VM durch den engen Bezug zur Verhaltenstherapie. Etwas vereinfacht lässt sich sagen, dass bei der VM Interventionen aus der Verhaltenstherapie für nicht therapeutische Problemlagen adaptiert wurden. So definiert Jungnitsch (1999) die VM „als Einsatz verhaltenstherapeutischer Techniken ... wie er in der Regel in eng umschriebenen Anwendungsbereichen zum Tragen kommt, ohne dass damit bereits eine Therapie verbunden ist. Daher kann der Begriff der Verhaltensmodifikation auch nicht mit dem der Verhaltenstherapie gleichgesetzt werden" (S. 84–85).

Grundsätzlich können wir bei der VM drei unterschiedliche wissenschaftliche Ebenen unterscheiden, wobei die Übergänge manchmal fließend sind:

Die erste Ebene umfasst die eingangs angesprochene allgemeine und inhaltlich letztlich nicht festgelegte Form der VM. Sie findet praktisch in allen zwischenmenschlichen Situationen statt (z. B. Freund oder Freundin zu veranlassen, dieses oder jenes zu tun oder zu unterlassen). Die dabei gewählten Einzelstrategien sind immer subjektiver Natur und werden nicht selten trotz offensichtlicher Erfolglosigkeit beibehalten. Mit der von uns intendierten wissenschaftlichen VM hat dies nichts zu tun.

Die zweite Ebene betrifft die Formen der Verhaltensänderung, bei denen wir in der Regel schon von einem zielgerichteten Vorgehen ausgehen. Eine systematische Erfolgsevaluation findet in der Regel jedoch nicht statt. Als ein typisches Beispiel können unsere Strafgesetze gelten. Ihr Ziel ist gemeinschaftsschädliches Verhalten durch Bestrafung zu unterbinden. Die damit häufig verbundenen Probleme einer fehlenden wissenschaftlichen Fundierung lassen sich bei der Frage der Bestrafung des Gebrauchs illegaler Drogen zeigen. Die Schutzfunktion dieser Gesetze wird von den Befürwortern der Freigabe illegaler Drogen infrage gestellt und vielmehr auf die mit dem Verbot verbundenen Zusatzprobleme (gewissermaßen den unerwünschten Nebenwirkungen, vgl. Übersicht 1) wie Beschaffungskriminalität, Prostitution u. Ä. hingewiesen. Systematische wissenschaftliche Untersuchungen fehlen aber und werden durch Ideologien ersetzt. Daher erfüllt auch diese Ebene nicht die Kriterien, die wir an eine wissenschaftliche VM stellen.

Die dritte Ebene erfasst letztlich die hier im Folgenden gemeinte Form wissenschaftlich fundierter VM in der Sozialen Arbeit. Sie liegt dann vor, wenn

- bei einer definierten Problemstellung individueller, zwischenmenschlicher oder gesellschaftlicher Art
- nach systematischer Informationssammlung über Zusammenhänge dieser Problemlage
- auf der Basis dieser Informationen ein oder mehrere eindeutige Ziele festgelegt werden,
- die über empirisch fundierte Interventionen,
- basierend auf wissenschaftlichen Erkenntnissen der verschiedenen Sozialwissenschaften, erreicht werden

4.4 Verhaltensmodifikation als übergeordnete Methode der Sozialen Arbeit

- und somit einer Effektivitätskontrolle mitsamt der unerwünschten Begleiteffekte und möglichen Kontraindikationen zugänglich sind.

Diese Darstellung dieser dritten Ebene macht deutlich, dass die VM *keine* Sammlung umgemünzter therapeutischer Rezepte für den Alltag darstellt, sondern eine *methodische Vorgehensweise* ist, die sich an dem *Hier und Jetzt* der aktuellen Problemlage orientiert, ohne dabei die Vergangenheit zu ignorieren. Sie umfasst als *ganzheitlicher Ansatz* sowohl die gesamte soziale Situation als auch das individuelle, situative Verhalten (horizontale Analyse) mitsamt seinen Lebensplänen (vertikale Analyse) auf allen *vier Ebenen* menschlichen Verhaltens, nämlich der:

- **kognitiven Ebene**   = Überlegungen, Werthaltungen, z. B. Selbstbild
- **emotionalen Ebene**   = Gefühle, Erleben, z. B. Angst
- **physiologischen Ebene** = unwillkürliche Körperreaktionen, z. B. Blutdruck
- **motorischen Ebene**   = willkürliches Verhalten, z. B. Flucht

Diese Aspekte ermöglichen folgende **Definition** von wissenschaftlicher VM:

Die Verhaltensmodifikation ist eine methodische Vorgehensweise für die unterschiedlichsten Problemlagen. Sie beinhaltet eine systematische Anamnese und behaviorale Analyse der gesamten Problemsituation und leitet daraus in Kooperation mit den Betroffenen/Auftraggebern die Ziele einer Intervention ab. Zur Erreichung dieser Ziele nutzt sie die verschiedensten, aus der Problemanalyse abgeleiteten und begründeten Interventionen zum planvollen Erreichen des Interventionsziels. Zu diesen Interventionen gehören insbesondere die Anwendung der Lerngesetzmäßigkeiten, aber auch alle anderen wissenschaftlichen und empirisch fundierten Verfahren der Sozialwissenschaften.

Wenngleich ihre methodische Ausformulierung erst nach der Etablierung der Verhaltenstherapie erfolgte, handelt es sich bei der *VM um die übergeordnete Methodik,* denn sie ist generell einsetzbar und nicht auf Therapiesituationen beschränkt. Allerdings haben Interventionen der VM wiederum die Verhaltenstherapie bereichert. Übersicht 3 versucht dies deutlich zu machen. Sie zeigt zudem einige der vielen Bereiche, in denen – wenngleich auf unterschiedlichen Ebenen – VM stattfindet.

Der *dritten Ebene* wissenschaftlicher VM ordne ich die Verhaltenstherapie, die empirisch orientierte Soziale Arbeit sowie die Pädagogik zu. Die gesellschaftlichen Ordnungen gehören zur *zweiten Ebene* und VM im zwischenmenschlichen Bereich zu der *ersten Ebene*.

Die International Federation of Social Workers (IFSW) definiert aktuell Soziale Arbeit so:

> Soziale Arbeit als Beruf fördert den sozialen Wandel und die Lösung von Problemen in zwischenmenschlichen Beziehungen, und sie befähigt die Menschen, in freier Entscheidung ihr Leben besser zu gestalten. Gestützt auf wissenschaftliche Erkenntnisse über menschliches Verhalten und soziale Systeme greift Soziale Arbeit dort ein, wo Menschen mit ihrer Umwelt in Interaktion treten. Grundlagen der Sozialen Arbeit sind die Prinzipien der Menschenrechte und der sozialen Gerechtigkeit. (IFSW, 2000, S. 1)

Diese Definition enthält zwar keine methodische Festlegung, aber es wird doch explizit Bezug auf *„wissenschaftliche Erkenntnisse über menschliches Verhalten"* genommen. Damit wird für

Übersicht 3

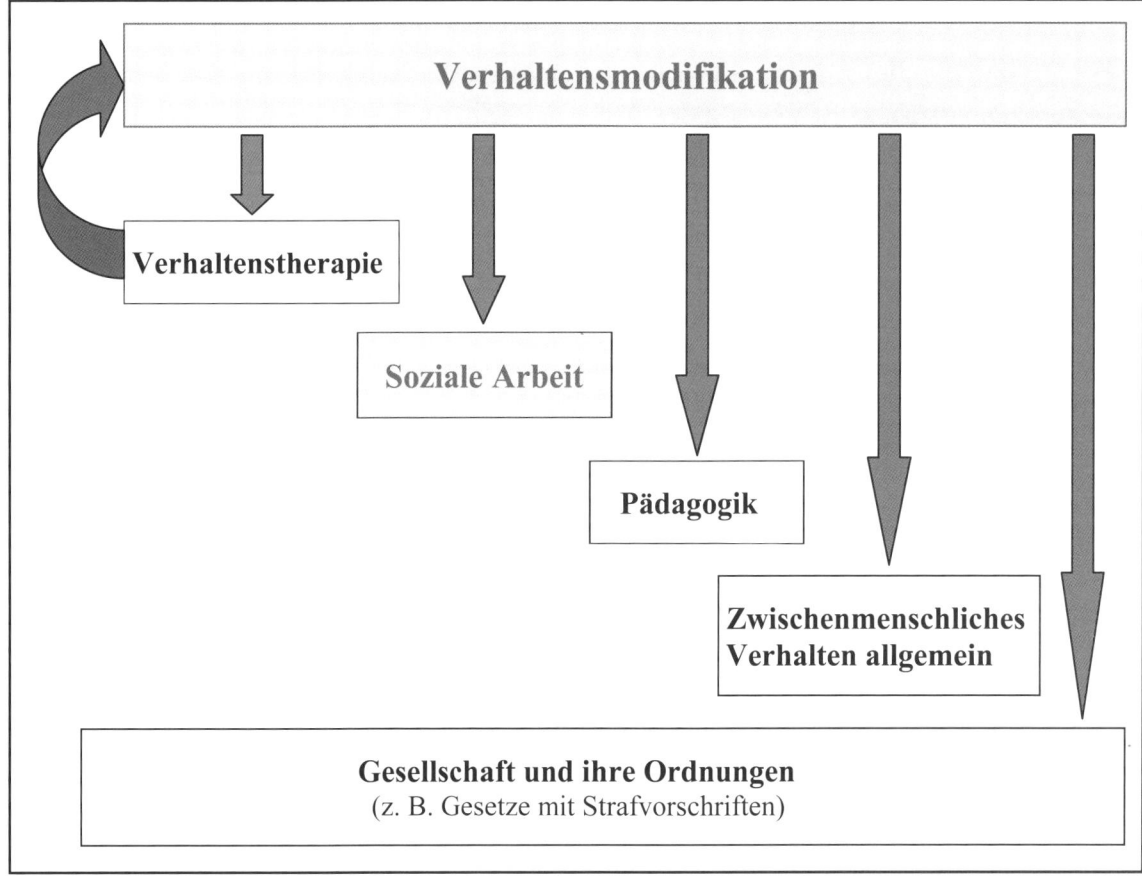

mich deutlich, dass hier ein indirektes Plädoyer für die wissenschaftlich fundierte VM ausgedrückt wird.

> **Wir halten fest:**
> - VM gibt es auf sehr unterschiedlichen wissenschaftlichen Ebenen und in allen zwischenmenschlichen Bereichen.
> - Für die Soziale Arbeit kommt nur die wissenschaftlich fundierte VM mit den dazugehörigen Kriterien zum Tragen.
> - Die VM als Methode der Sozialen Arbeit steht im Einklang mit der Definition Sozialer Arbeit durch die IFSW.

5 Das Vorgehen der Verhaltensmodifikation

5.1 Stufenplan von der Informationsgewinnung bis zur Intervention

Bei dem Beratungsprozess ist im Rahmen einer VM ein systematisches Vorgehen notwendig. Es beginnt – wie praktisch bei jeder Intervention – mit dem *orientierenden Eingangsgespräch*. Der Klient soll sein Problem in seinen Worten so genau wie möglich beschreiben, damit sich der Berater ein Bild machen kann. Der Berater wird den Klienten dabei relativ frei reden lassen und nur dort mit Fragen unterbrechen, wo es zum Verständnis der Darstellung des Klienten notwendig ist. Es ist wichtig, dass der Klient in dieser Phase lernt, Vertrauen zu dem Berater zu gewinnen. Allerdings sollte im Laufe des orientierenden Eingangsgespräches schon klar werden, wer der *identifizierte Klient* ist.

Dazu ein Beispiel aus der Erziehungsberatung: Die Eltern berichten über zahlreiche Schwierigkeiten, die ihnen ihr Kind macht, und möchten vom Berater am liebsten eine Art „Rezept", was sie nun tun sollen. Kein erfahrener Erziehungsberater wird sich allein auf die Darstellung der Erziehungsberechtigten verlassen, sondern eine genaue Problemanalyse unter Einbeziehung der Sichtweise des Kindes erstellen. Im Rahmen dieser Analyse kann es durchaus sein, dass der Erziehungsberater zu der Erkenntnis kommt, dass das Problem nicht bei dem Kind zu suchen ist, sondern in dem elterlichen Erziehungsverhalten. So könnte es sein, dass beide Elternteile unterschiedliche Erziehungsziele und unterschiedliche Erziehungspraktiken haben, die es dem Kind erschweren, herauszufinden, welches Verhalten denn nun wünschenswert ist und welches nicht.

Der identifizierte Klient ist also die Person, die im Zentrum des folgenden Interventionsprozesses steht. Während für die Rat suchenden Eltern zu Beginn der Beratung eigentlich völlig klar war, dass ihr Kind der identifizierte Klient ist, zeigt das obige Beispiel, dass für den Berater dies keineswegs von vornherein so eindeutig ist.

Wir stehen also vor der Aufgabe, möglichst früh herauszufinden, wer oder was im Zentrum unserer Arbeit steht. Manchmal kann es passieren, dass sich erst zu einem späteren Zeitpunkt – im Rahmen der sogenannten interventionsbegleitenden Diagnostik (vgl. Übersicht 4) – herausstellt, dass wir uns anfangs bei dem identifizierten Klienten oder identifizierten Problem geirrt haben und mit dem neuen Wissen den Interventionsprozess neu starten müssen.

Nach diesem ersten orientierenden Schritt folgen die *Festlegung und Operationalisierung des vorläufigen Hauptproblems*. In der Praxis erlebt man immer wieder, dass Menschen, die um Hilfe ersuchen, meist mehr als nur ein Problem haben. Finanzielle Probleme hängen häufig mit Arbeitslosigkeit zusammen, Erziehungsprobleme können mit Überforderungen durch Beruf und Haushalt bei Alleinerziehenden zusammenhängen oder ein drohender Arbeitsplatzverlust mit einem Alkoholproblem. Wir müssen mit dem Klienten klären, welche Probleme vorrangig sind, bzw. gemeinsam erkennen, welche Problemlösung voraussichtlich die weitestgehenden positiven Effekte hat. Auch diese Festlegung kann sich durch Erkenntnisse der interventionsbegleitenden Diagnostik ändern.

Bei der Herauskristallisierung des vorläufigen Hauptproblems besteht die Notwendigkeit, dieses möglichst präzise zu formulieren. Die Formulierung der Eltern, „das Kind ist aggressiv", sagt über das konkrete *Verhalten* wenig aus, da nicht alle Menschen unter „aggressiv" das

Gleiche verstehen. Es ist also notwendig zu erfahren, in welchem konkreten Verhalten sich diese „Aggressivität" zeigt. Diese Konkretisierung auf der Verhaltensebene ist die *Operationalisierung* des Problems. Diese Operationalisierung ist ein unverzichtbarer Schritt, und es bedarf einiger Erfahrung, um bei Klienten von abstrakten Begriffen (wie eben Aggressivität) zu konkretem Verhalten (schlägt, spuckt, kratzt, beißt usw.) zu kommen.

Danach erfolgt die systematische Informationsgewinnung in der vom Berater strukturierten Exploration. Hierzu gehören die *Anamnese*, die Ermittlung der *Grundlinie* sowie die *Beobachtung*. Alle drei Aspekte dieser Informationsgewinnung werden in den beiden folgenden Kapiteln erläutert.

Als hilfreich hat sich erwiesen, das Problem danach zu unterscheiden, ob es sich um ein Verhaltensdefizit oder einen Verhaltensexzess handelt. Ein *Verhaltensdefizit* liegt dann vor, wenn ein Klient ein Verhalten nicht beherrscht, mit dem üblicherweise Menschen in ähnlichen Lebensverhältnissen keine Probleme haben. Dies gilt z. B. für eine angemessene Selbstbehauptung. Wenn ein Klient z. B. zu unsicher ist, die ihm zustehende Sozialhilfe zu beantragen, dann zeigt er ein Verhaltensdefizit. Er muss dieses Verhalten also erlernen.

Ist es hingegen so, dass ein Verhalten zu häufig vorkommt, z. B. häufige körperliche Gewalt in Form von Schlägereien, dann sprechen wir vom *Verhaltensexzess*. In dem Fall wäre es notwendig, dass der betreffende Klient das problematische Verhalten abbaut. Aber dieses Beispiel zeigt auch, dass es – ohne sorgfältige anamnestische Daten – schwer sein kann, zu entscheiden, ob ein Verhaltensdefizit oder Verhaltensexzess vorliegt.

So wäre es denkbar, dass das aggressive Verhalten nur dadurch entsteht, dass die betreffenden Menschen nicht gelernt haben, in gesellschaftlich angemessener Weise ihre Interessen zu vertreten, sie also letztlich ein Verhaltensdefizit haben! In einem solchen Fall wäre also zunächst das Verhaltensdefizit auszugleichen. Ein Versuch, z. B. durch Bestrafung (vgl. oben VM und strafrechtliche Maßnahmen) das aggressive Verhalten abzubauen, würde an der „Ursache" (besser: den *Bedingungen des Beginnens*), nämlich dem Verhaltensdefizit, nichts ändern. Die Wahrscheinlichkeit wäre dann groß, dass trotz Bestrafung der Verhaltensexzess wieder auftreten würde.

Damit sind wir schon bei der nächsten Ebene der Übersicht 4, nämlich den *Bedingungen des Beginnens* und *Bedingungen des Beibehaltens*. In dem Beispiel mit dem aggressiven Verhalten wäre das Verhaltensdefizit eine Bedingung des Beginnens des problematischen Verhaltens, der mögliche Erfolg mit dem aggressiven Verhalten wäre eine Bedingung des Beibehaltens. Solange die Bedingung des Beginnens noch wirksam ist – wie in diesem Beispiel –, muss sie in dem *vorläufigen Bedingungsmodell* ebenso berücksichtigt werden wie die Bedingungen des Beibehaltens.

Ein weiteres Beispiel für den Wegfall der Bedingungen des Beginnens eines Verhaltens ist das Zigarettenrauchen. Die meisten Raucher fangen aus pubertärem Imponiergehabe mit dem Rauchen an (= Bedingung des Beginnens). Im Erwachsenenalter können wir in aller Regel davon ausgehen, dass diese Bedingung weggefallen ist. Inzwischen hat sich aber eine Nikotinabhängigkeit entwickelt (= Bedingung des Beibehaltens), weswegen weitergeraucht wird (vgl. Stäcker & Bartmann, 1974).

5.1 Stufenplan von der Informationsgewinnung bis zur Intervention

Übersicht 4: *Ablaufschema zur Informationsgewinnung*

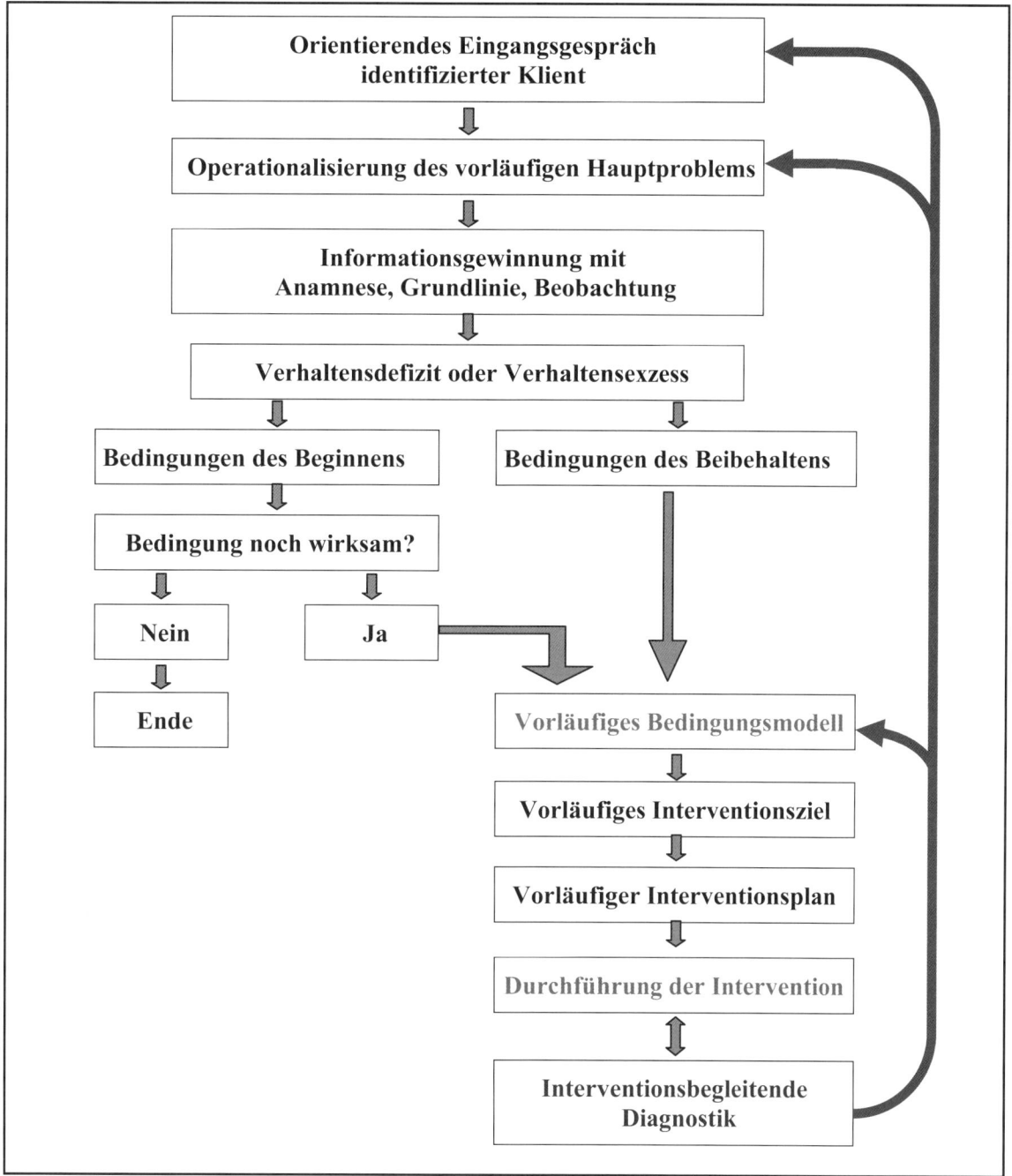

Die Bedingungen des Beibehaltens analysieren wir im Rahmen der noch zu besprechenden systematischen Problemanalyse. Die Bedingungen des Beginnens erfahren wir im Rahmen einer sorgfältigen Anamnese (vgl. das folgende Kapitel). Manchmal ist es sehr schwierig oder unmöglich, für ein Verhalten die Bedingungen des Beginnens herauszufinden. Bekommen wir trotz sorgfältiger Anamnese die Bedingungen des Beginnens nicht heraus, müssen wir so arbeiten, als ob sie nicht mehr wirksam wären. In den Fällen sollten wir aber eine gesteigerte

Aufmerksamkeit im Rahmen der interventionsbegleitenden Diagnostik (s. u.) haben, inwieweit wir so nachträglich noch relevante Erkenntnisse bekommen.

Nach der Informationssammlung erfolgt die Erstellung eines bereits oben genannten *vorläufigen Bedingungsmodells*. Es hat die Aufgabe, sowohl dem Berater als auch dem Klienten eine Erklärung für das Problemverhalten zu geben. Dies ist besonders dann wichtig, wenn ein Klient seinem eigenen Verhalten völlig verständnislos gegenübersteht. Das Bedingungsmodell macht ihm zum einen das eigene Verhalten verständlich und gibt ihm zum anderen wichtige Informationen für eine Verhaltensänderung. Aber auch hier gilt wie bei allen bisherigen Punkten: Im Laufe des Veränderungsprozesses kann es neue Erkenntnisse geben, die eine Änderung des vorläufigen Bedingungsmodells erforderlich machen.

Nachdem das vorläufige Bedingungsmodell besteht, wird anschließend gemeinsam mit dem Klienten das *vorläufige Interventionsziel* festgelegt. Wie das Problemverhalten bedarf auch das Interventionsziel einer operationalen Festlegung. Kanfer, Reinecker und Schmelzer (1996) führen hierzu aus: „Viele Zielideen von Klienten sind … vage und global. Sie müssen erst noch weiter operationalisiert und konkretisiert werden, wenn sich handlungsrelevante Schritte ergeben sollen" (S. 279). Eine Zielperspektive wie etwa „Zufriedenheit mit der Arbeitssituation" ist so allgemein, dass erst noch genau formuliert werden muss, was *konkret* damit gemeint ist.

Zur Erreichung des vorläufigen Interventionsziels wird vom Berater dann ein *vorläufiger Interventionsplan* erstellt und dieser mit dem Klienten ausführlich besprochen. Dem Klienten muss klar sein, warum wir so und nicht anders vorgehen.

Dann erfolgt die *Durchführung der Intervention*. Während der Durchführung der Intervention ist es wichtig, sich zu vergewissern, dass der Klient zu jedem Zeitpunkt weiß, warum die Intervention so durchgeführt wird.

Es war bereits mehrfach von der *interventionsbegleitenden Diagnostik* die Rede. Der Begriff mag einigen zu „therapeutisch" klingen, aber letztlich bezeichnet er hier nur den Vorgang des (weiteren) Erkennens von relevanten Fakten. Dies ist eher die Regel als die Ausnahme, da im Rahmen des Veränderungsprozesses der Klient selbst Einsichten gewinnt, neue Zusammenhänge erkennt und dem Berater Informationen gibt, die er früher vielleicht für unbedeutsam erachtet hat. Diese Erkenntnisse beeinflussen – wie schon mehrfach gesagt – ggf. die Festlegung des identifizierten Klienten, des Hauptproblems oder des vorläufigen Bedingungsmodells und der sich anschließenden Schritte. Das ist auch der Grund, weswegen bei all diesen Schritten immer „vorläufig" steht.

> **Wir halten fest:**
> - Im Rahmen der Informationsgewinnung bis zur Intervention ist es sinnvoll, ein bestimmtes Schema beizubehalten.
> - Vor einer Interventionsplanung muss klar sein, wer der identifizierte Klient ist.
> - Sowohl das Problem als auch das zu erreichende Ziel müssen im Interventionsprozess genau operationalisiert sein.
> - Bei allen Stufen der Informationsgewinnung, Erstellung des Bedingungsmodells sowie der Intervention muss man sich immer der Vorläufigkeit aller Schritte bewusst sein.

5.2 Die Anamnese

Da die oben angesprochene Anamnese im Interventionsprozess doch einen zentralen Punkt darstellt, wird sie hier in einem eigenen Kapitel ausführlich dargestellt. Hinsichtlich der Anamnese unterscheidet sich die VM deutlich von klassischen Ansätzen der Verhaltenstherapie. So führen Fliegel und Heyden (1994) zur verhaltenstherapeutischen Diagnostik aus: „Es geht also nicht darum, möglichst viele Informationen über möglichst viele Lebensbereiche der Patienten zu sammeln, etwa in Form einer sog. Anamnese, sondern gezielt anhand theoriegeleiteter Fragen frühzeitig mögliche Bedingungszusammenhänge und Bedeutungen der Problematik in Erfahrung zu bringen" (S. 53).

Ich denke, dass solche Positionen, die biografische Anamnese zu ignorieren, im hohen Maße dazu beigetragen haben, die verhaltensorientierten Verfahren als Methoden anzusehen, die nicht den ganzen Menschen umfassen. So vertraten in der oben bereits erwähnten Arbeit von Bartmann und Grün (2004) über 72 % der befragten Praktiker der Sozialen Arbeit die Auffassung, VM erfasse nicht den ganzen Menschen.

Natürlich kommt es darauf an, in welchem Bereich der Sozialen Arbeit wir tätig sind und inwieweit eine Anamnese nötig ist. So wird ein Kollege in der Schuldnerberatung wohl kaum eine umfassende Anamnese erstellen. Das sieht aber in der Erziehungsberatung, Eheberatung, bei der Arbeit in einer Drogenberatungsstelle oder bei Klientinnen in einem Frauenhaus schon ganz anders aus. Wie soll man z. B. ressourcenorientiert arbeiten, wenn man die Ressourcen nicht kennt. In fast allen Arbeitsfeldern der Sozialen Arbeit, wo Einzelpersonen im Zentrum einer Intervention stehen, halte ich eine biografische Anamnese für unverzichtbar. Nur so erhalten wir wichtige Informationen über frühere Lernprozesse, Versuche des Klienten, sein Problem allein zu bewältigen, oder über Sachverhalte, die der Klient vielleicht für unwichtig hält, die sich aber für die Intervention als bedeutsam erweisen können.

In den anderen Arbeitsfeldern, wie z. B. bei der Arbeit mit Gruppen, hängt es stark von Art und Zielsetzung der Maßnahme ab, ob ich eine Anamnese benötige oder nicht. In jedem Fall erhalten wir wichtige, die Arbeit optimierende Informationen, je mehr wir von unserer Klientel wissen.

Hilfreich kann bei der Anamnese der Einsatz von Fragebögen sein, z. B. der Fragebogen zur Lebensgeschichte von Lazarus (1973). Er ermöglicht in vielen Fällen ein schnelleres Erheben der Anamnese. Allerdings kann ein Fragebogen nie die persönlich erhobene Anamnese ersetzen. Übersicht 5 gibt einen orientierenden Überblick über Kernpunkte einer Anamnese.

Dieser Leitfaden kann je nach Bedarf des jeweiligen Arbeitsfeldes der Sozialen Arbeit verkürzt oder verändert werden. Dabei werden wir nicht immer alle Informationen, die wünschenswert sind, erhalten, weil Klienten sich z. B. nicht erinnern können.

Wegen vieler Diskussionen mit Studenten zur prä- und perinatalen Entwicklung sei zu diesem Punkt ein Hinweis gegeben. Es mag auf den ersten Blick für Sozialpädagogen unwichtig sein, wie diese Entwicklung verlief. Aber die pränatale Einstellung der Eltern zu dem erwarteten Kind kann sich sehr wohl später im konkreten Erziehungsverhalten niederschlagen. In der Drogenberatung hatte ich beispielsweise einen Klienten, der das Ergebnis einer außerehelichen Beziehung seiner Mutter war. Das hatte massive negative Konsequenzen für das Erziehungsverhalten seines (Stief-)Vaters ihm gegenüber.

Übersicht 5: *Stichwortliste für die Anamnese*

0	**Persönliche Grundangaben**	
	0a	*Name, Geschlecht, Alter, Anschrift*
	0b	*Anlass des Hilfeersuchens*
1	**Frühkindliche Entwicklung und Familienanamnese**	
	1a	*Prä- und perinatale Entwicklung*
	1b	*Frühkindliche Entwicklung*
2	**Sozial-/Berufsanamnese**	
	2a	*Kindergartenalter*
	2b	*Schulalter*
	2c	*Psychische Abnabelung*
	2d	*Berufliche Entwicklung*
	2e	*Besondere Begabungen*
3	**Gesundheits-/Krankheitsanamnese**	
	3a	*Körperliche Krankheiten, Unfälle*
	3b	*Psychische Erkrankungen oder Verhaltensauffälligkeiten*
	3c	*Erfahrungen mit Drogen (legalen, illegalen)*
	3d	*Erleben und Umgang mit Krankheiten*
4	**Sexualentwicklung**	
	4a	*Einstellung des Elternhauses zur Sexualität*
	4b	*Erste hetero-/homosexuelle Kontakte*
	4c	*Probleme bei Sexualkontakten*
	4d	*Gegenwärtig befriedigende/unbefriedigende Sexualität*
5	**Problemsituation**	
	5a	*Aktuelle Lebenssituation*
	5b	*Problemverhalten*
	5c	*Veränderungsmotivation*
	5d	*Ressourcen*

Zum besseren Verständnis werden die in der Übersicht genannten Punkte im Folgenden um ausführlichere Stichworte ergänzt. Diese Liste kann als Frageleitfaden genutzt werden und ist zum leichteren Kopieren im Anhang (Anhang 1) wiedergegeben.

0 Persönliche Grundangaben
0a Name, Geschlecht, Alter, Anschrift
- Für spätere Berichte, Anträge u. Ä.

0b Anlass des Hilfeersuchens
- Nur kurze Benennung des Problems, die ausführliche Exploration erfolgt unter Punkt 5

1 Frühkindliche Entwicklung und Familienanamnese
1a Prä- und perinatale Entwicklung
- Lebenssituation der Eltern/Mutter vor der Geburt
- Bestehende (intakte oder problematische) Partnerschaft
- Soziale Situation (z. B. finanziell, Wohnen)
- Wunschkind; nachträgliches Wunschkind; abgelehntes Kind
- Alter der Eltern
- Gesundheitszustand der Eltern (Vorerkrankungen, genetische Belastung)
- Schwangerschaftsverlauf
- Gesundheitsverhalten der Eltern vor der Entbindung (Drogenmissbrauch, Vorsorgeuntersuchungen, Geburtsvorbereitung)
- Geburtsverlauf (normaler Verlauf, Zangengeburt, Komplikationen)
- Elternreaktion (Ablehnung des Kindes, nachträgliche Akzeptanz eines nicht gewollten Kindes, Wochenbettpsychose)

1b Frühkindliche Entwicklung
- Geschwister(-konstellation)
- Intakte Partnerschaft oder alleinerziehende Elternteile
- Geborgene Atmosphäre (elterliche Wärme, Zuwendung)
- Erziehungsverhalten der Eltern (konsequent, unbeherrscht etc.)
- Einfluss von Großeltern, anderen Verwandten
- Kindheit vom Klienten als „glücklich" bezeichnet?
- Soziale Situation der Eltern (finanziell, Wohnen, soziale Kontakte)

2 Sozial-/Berufsanamnese
2a Kindergartenalter
- Kindergartenbesuch (Wie lange? Probleme?)
- Kontakte zu anderen Kindern
- Kontaktverluste durch Wohnortwechsel, auch bzgl. Großeltern, Tanten
- irgendwelche Verhaltensauffälligkeiten (Lügen, Stehlen, Aggressivität)

2b Schulalter
- Soziale Anpassung
- Freunde, Peers (Was für Freunde? Wie viel Einfluss?)
- Elternverhalten bezüglich Freunden
- Mitgliedschaft in Vereinen, Zugehörigkeit zu Gangs
- Leistungsverhalten
- Lernschwierigkeiten
- Schulausbildung abgeschlossen oder abgebrochen (guter oder schlechter Schüler?)
- „Bruch" im schulischen Verhalten, Klassen wiederholt

- Elternverhalten bezüglich Schule (kindzentriert, zu stark oder zu gering leistungsorientiert, gab dem Kind Orientierungshilfen)

2c Psychische Abnabelung
- Elterliche Unterstützung zur Selbstständigkeit
- Elterliche Unterstützung bei Konflikten
- Förderung von Entscheidungs-/Handlungskompetenz
- Verhinderung von Entscheidungs-/Handlungskompetenz
- Wechselseitige Abhängigkeitskonflikte
- Verhaltensauffälligkeiten (siehe Gesundheitsanamnese)

2d Berufliche Entwicklung
- Wunschberuf erlernt (oder Elternwunsch erfüllt)?
- Abgeschlossene Berufsausbildung (Wunschberuf)?
- Probleme im Beruf (auch gesundheitliche, siehe oben)?
- Berufswechsel (Wie häufig? Warum? Ausgeübter Beruf? Berufliche Wünsche?)

2e Besondere Begabungen
- Musikalisch, sportlich, künstlerisch, zwischenmenschlich
- Förderungen, Überforderungen (durch Eltern)
- Genutzt oder verkümmert?

3 Gesundheits-/Krankheitsanamnese
3a Körperliche Krankheiten, Unfälle
- Vorsorgeuntersuchungen durch die Eltern wahrgenommen
- Kinderkrankheiten, andere Krankheiten
- Unfälle mit oder ohne langfristige Folgen

3b Psychische Erkrankungen oder Verhaltensauffälligkeiten
- Konzentrationsstörungen, ADHS
- Aggressivität
- Psychiatrische Störungen

3c Erfahrungen mit Drogen
- Erfahrungen mit legalen Drogen (Welche? Wie häufig? Elternvorbild)
- Erfahrungen mit illegalen Drogen (Welche? Wie häufig? Elternreaktion)
- Drogenexzesse
- Drogenberatung aufgesucht

3d Erleben und Umgang mit Krankheiten
- Erleben und Umgang eigener schwerer Erkrankungen
- Erleben und Umgang schwerer Erkrankungen bei Eltern oder nahen Verwandten
- Psychische Erkrankungen oder Verhaltensstörungen bei Eltern oder nahen Verwandten

4 Sexualentwicklung
4a Einstellung des Elternhauses zur Sexualität
- Vorbildfunktion der Eltern (offener oder tabuisierter Umgang mit dem Thema)

5.2 Die Anamnese

- Aufklärung durch die Eltern
- Verständnisvolle Haltung der Eltern zur Sexualität des Kindes

4b Erste heterosexuelle oder homosexuelle Kontakte
- Erste sexuelle Impulse (Ängste, Unsicherheiten, Schuldgefühle)
- Heterosexuelle Kontakte
- Homosexuelle Kontakte

4c Probleme bei Sexualkontakten
- Störungen beim Geschlechtsverkehr (Schmerzen, Anorgasmie)
- Situative oder primäre Potenzstörungen

4d Gegenwärtige Sexualität
- Feste oder lose Beziehungsmuster
- Bestehende befriedigende/unbefriedigende Sexualität
- Veränderungswünsche bezüglich Sexualität

5 Problemsituation

5a Aktuelle Lebenssituation
- Finanziell, Wohnen, beruflich
- Partnerschaft, Sozialkontakte (aktuell gravierende Veränderungen?)
- Aktuelle Wünsche

5b Problemverhalten
- Erstes Auftreten
- Regelmäßiges Auftreten
- Reaktionen der Umwelt auf das Problemverhalten (Unterstützung, Ablehnung)
- Als Problem erlebt (Wenn ja, seit wann?)
- Welche Selbsthilfe versucht (mit welchem Erfolg, woran gescheitert)?

5c Veränderungsmotivation
- Wie zur Beratungssituation gekommen?
- Wozu bereit?
- Was gewinnt/verliert der Klient bei einer Problembeseitigung?

5d Ressourcen
- Siehe auch: besondere Begabungen (Welche? Welche genutzt? Nicht genutzt?)
- Welche bei der Problembewältigung nutzbar?

> **Wir halten fest:**
> - In den meisten Feldern der Sozialen Arbeit ist zumindest auf dem Feld der Einzelfallhilfe eine umfassende Anamnese notwendig.
> - Eine Anamnesestichwortliste hilft, eine vollständige Anamnese zu erhalten.
> - Fragebögen können die Informationserhebung erleichtern, aber eine persönlich erhobene Anamnese nie ersetzen.

5.3 Grundlinie und Beobachtung

Wie in Kap. 5.1 bereits angekündigt, werden nun die Gewinnung der Grundlinie sowie die Beobachtungsverfahren erläutert. Mit der *Grundlinie,* auch als *Ausgangslinie, Basislinie, Ausgangswert* oder *Grundrate* (englisch: *baseline*) bezeichnet, wird die

- Häufigkeit,
  - Dauer und
  - Intensität

des problematischen Verhaltens erfasst. Diese Grundlinie ermöglicht dann auch nach einer Maßnahme die *Überprüfung (Evaluation)* des Interventionserfolges. Insoweit handelt es sich um eine Sonderform der Beobachtung. Das problematische Verhalten soll also unter Berücksichtigung eventueller spezifischer situativer Bedingungen registriert werden. Das klingt recht einfach, ist jedoch manchmal durchaus aufwendig.

Bei erwachsenen Menschen handelt es sich bei der Erfassung der Ausgangslinie in der Regel um eine Selbstbeobachtung. Wenn Sie Raucher sind, versuchen Sie mal Ihr Rauchverhalten zu erfassen. Sie machen sich dazu auf einem Notizbogen für jede gerauchte Zigarette einen Strich und notieren, wo Sie dann jeweils sind, was Sie dabei tun oder ob Sie eine besondere (gute oder schlechte) Stimmung haben. Vielleicht stellen Sie dann fest, dass Sie bei ganz bestimmten beruflichen Tätigkeiten sehr viele Zigaretten geraucht haben. Wenn Sie mit dem Rauchen aufhören wollen, wäre eine solche Registration Ihres Rauchverhaltens von zentraler Bedeutung. Allerdings müssten Sie damit rechnen, dass die Erstellung dieser Ausgangslinie nicht unbedingt Ihr „normales" Rauchverhalten wiedergibt. Der Vorgang des Registrierens selbst verändert in aller Regel schon das konkrete Verhalten, d. h., aller Erfahrung nach rauchen Sie *weniger,* wenn Sie jede gerauchte Zigarette notieren. Dennoch können Sie erwarten, dass Ihre Ausgangslinie nach der Teilnahme an einem Raucherentwöhnungskurs drastisch unterschritten wird – sofern die Intervention effektiv war.

Erfolgt die Erstellung der Ausgangslinie z. B. im Rahmen einer Erziehungsberatung durch die Eltern – z. B. wie häufig ein Kind tagsüber einnässt –, so sind auch hier Einflüsse auf das Verhalten des Kindes möglich. So ist denkbar, dass die Eltern nicht sofort geschimpft haben – weil sie ja das Ereignis registrieren müssen – und dies wiederum das Verhalten des Kindes beeinflusst. Trotz dieser Einflüsse durch das Registrieren des problematischen Verhaltens ist die Erhebung dieser Ausgangslinie wichtig.

Beobachtungsverfahren spielen neben der bisher angesprochenen Sonderform der Beobachtung zur Ausgangslinienerstellung bei der Konkretisierung problematischen Verhaltens immer eine zentrale Rolle. „Schon die freie, unsystematische Beobachtung liefert in der Praxis oft äußerst wichtige Informationen, die durch andere diagnostische Instrumente kaum gewonnen werden können", schreiben Schulte und Kemmler (1974, S. 152). Wichtiger ist aber – insbesondere in der Erziehungsberatung – die *systematische Verhaltensbeobachtung* unter geplanten Bedingungen. Sie kann als „teilnehmende" Beobachtung stattfinden, d. h., die Personen, die beobachten, sind für die Beobachteten selbst sichtbar und interagieren mit ihnen – z. B. wenn

5.3 Grundlinie und Beobachtung

Erzieher in einem Kindergarten bestimmte Verhaltensweisen beobachten wollen. Unter geplanten Bedingungen sind die Beobachter in der Regel nicht zu sehen. Schulte und Kemmler (1974) führen hierzu aus:

> Um die Möglichkeiten einer systematischen und objektiven Beobachtung zu verbessern, werden Beobachtungen sehr häufig in dazu eingerichteten Beobachtungsräumen durchgeführt. Technische Hilfsmittel wie Einwegscheibe, Tonübertragungsanlage, Video-Aufzeichnungsmöglichkeiten, Registriergeräte usw. erleichtern einerseits die Beobachtungen und verhindern außerdem, dass der Beobachter seine Aufzeichnungen für die Beobachteten sichtbar machen muss (S. 159).

Diese Form der Beobachtung hat sowohl Vor- als auch Nachteile. So kann die künstliche Atmosphäre des Beobachtungsraumes das zu beobachtende Verhalten ändern. In Beobachtungsräumen von Erziehungsberatungsstellen kommen Kinder öfters mit fremden Kindern in Kontakt und verhalten sich daher anders. Andererseits können diese Umgebungsbedingungen von den Beobachtern systematisch verändert und die damit verbundenen Auswirkungen registriert werden.

In jedem Fall ist eine genaue Festlegung notwendig, welches Verhalten im Zentrum der Beobachtung stehen soll. Hierzu werden häufig bestimmte Kodierungsverfahren für das zu beobachtende Verhalten benutzt. Solche Beobachtungen bedürfen in der Regel einer entsprechenden Schulung. Es muss nämlich gewährleistet sein, dass alle mit der Beobachtung eines Kindes beauftragten Personen – z. B. alle Erzieher in einem Kindergarten – das Verhalten des Kindes zumindest annähernd gleich beurteilen.

Eine Sonderform der teilnehmenden Beobachtung stellt das Rollenspiel dar. Hier ist der Berater selbst gezielt tätig. Den meisten Menschen ist Rollenspiel als sinnvolles Instrument vertraut, um ein erwünschtes Verhalten einzuüben, also als wichtige Interventionsmethode. Rollenspiele gehören aber ebenso in den diagnostischen Rahmen. Es macht schon einen großen Unterschied aus, ob ein Klient uns von seinem Verhalten – z. B. einer ehelichen Interaktion – berichtet oder er bei einem gestellten Streit die Rolle des Ehepartners einnimmt. Das hat nichts damit zu tun, dass der Klient bei der Exploration falsche Angaben gemacht hat, sondern vielmehr damit, dass konkret gezeigtes Verhalten einen größeren Informationsgehalt hat, auch wenn die Situation naturgemäß etwas künstlich ist. Dabei hat der Berater die sehr schwierige Aufgabe, aktiv „mitzuspielen", aber zugleich auch die diagnostisch relevanten Aspekte zu erfassen.

> **Wir halten fest:**
> - Es ist wichtig, die Ausgangslinie eines Verhaltens zu erfassen.
> - Systematische und unsystematische Beobachtungen sind unverzichtbare diagnostische Instrumente in der Sozialen Arbeit.
> - Rollenspiel hat nicht nur als Intervention eine große Bedeutung, sondern auch als Sonderform einer teilnehmenden Beobachtung.

5.4 Abriss einiger wichtiger lernpsychologischer Aspekte der Verhaltensmodifikation

Da die systematische Problemanalyse nur bei Kenntnis der Prinzipien des operanten Konditionierens verständlich ist, erscheint ein kurzer Abriss über diese wichtige Lernform notwendig, zumal sie nicht unbedingt als bekannt vorausgesetzt werden kann. Da es sich nur um eine knappe Information handelt, sei für Detailinformationen auf einschlägige Publikationen der Lernpsychologie (z. B. Lefrancois, 2003; Schermer, 2002) verwiesen. Auch eine andere, für die Soziale Arbeit relevante Lernform, das Imitationslernen, wird in diesem Zusammenhang besprochen.

5.4.1 Belohnung und Bestrafung – operantes Konditionieren

Unter dem Kapitel „Bestrafung und Belohnung vermeiden" führen Dreikurs und Soltz in dem seit 1966 immer wieder neu aufgelegten Buch (1997, S. 80) aus:

> Die Mutter wunderte sich über die Ruhe im Haus. Sie forschte nach und fand den zweieinhalbjährigen Alex im Begriff, die Toilette mit Toilettenpapier vollzustopfen. Alex war deshalb schon mehrere Male geschlagen worden. Völlig aufgebracht schrie die Mutter: „Wie oft muss ich dich noch verprügeln?" Sie packte Alex, zog seine Höschen aus und verdrosch ihn tüchtig. Später – am selben Abend – fand der Vater die Toilette *wieder* vollgestopft vor.

In einer späteren Ausgabe des Buches (2008) wird in dem Beispiel eine harmlosere Form der Reaktion beschrieben – da wird der Alex lediglich in ein Zimmer eingesperrt. Mit diesem Beispiel wollen Dreikurs und Soltz zeigen, dass Bestrafung und (an anderer Stelle analog) Belohnung im Rahmen von Erziehungsprozessen ineffektiv seien. Tatsächlich belegen sie aber damit nur, dass sie mit einem vorwissenschaftlichen Bestrafungsbegriff arbeiten und die wissenschaftlichen lernpsychologischen Gesetzmäßigkeiten von Belohnung und Bestrafung ignorieren oder nicht kennen.

Bei Belohnung und Bestrafung im wissenschaftlichen Sinne geht es nicht darum, was die Person, die mit Belohnung oder Bestrafung arbeitet, *intendiert,* sondern um die *Änderung der Auftretenswahrscheinlichkeit* des vorhergehenden Verhaltens. Anders formuliert: Immer dann, wenn durch eine *Konsequenz* (so bezeichnen wir allgemein Belohnung oder Bestrafung) ein vorhergehendes Verhalten häufiger wird – oder wissenschaftlich formuliert die Auftretenswahrscheinlichkeit des Verhaltens steigt –, handelt es sich um Belohnung, egal wie es von dem vermeintlichen „Belohner" oder „Bestrafer" gemeint war.

Im oben genannten Beispiel steckt die Intention, dass die Prügel als Bestrafung fungieren, also das Verstopfen der Toilette seltener machen soll. Da das Verhalten aber häufiger wurde – also die Toilette kurz nach der vermeintlichen „Bestrafung" wieder verstopft war –, zeigt dies, dass es sich *für das Kind (!) in diesem Fall* um eine *Belohnung* handelte. Nur die genauere Analyse der Situation könnte Aufschluss darüber geben, warum die Prügel (unüblicherweise) hier als Belohnung gewirkt haben. Denkbar wäre z. B., dass die Prügel für das Kind zwar eine schmerzhafte, aber immerhin effektive Möglichkeit waren, überhaupt irgendeine Aufmerksamkeit von der Mutter zu erhalten. Solche Phänomene sind erfahrenen Erziehern durchaus bekannt.

Entsprechend gilt: Wenn etwas, das als Belohnung *gemeint* war, von dem betreffenden Menschen als Bestrafung *erlebt* wird, sinkt die Auftretenswahrscheinlichkeit des vorhergehenden Verhaltens. Wenn etwa ein Kind bei einer guten Schulnote für seine Briefmarkensammlung eine wertvolle Briefmarke erhält (möglicherweise weil die Eltern dieses Hobby auch noch fördern möchten), das Kind sich aber schon seit einiger Zeit nicht mehr so für seine Briefmarken interessiert, dann kann möglicherweise die scheinbare Belohnung dazu führen, dass das Kind weniger lernt und somit die Schulleistungen schlechter werden. Dann handelt es sich um Bestrafung.

Es kommt somit nicht darauf an, ob etwas als Belohnung oder Bestrafung *gemeint* war, sondern wie die Adressaten es *auffassen*. In nicht wenigen Fällen wissen wir erst im Nachhinein – nämlich aufgrund der Veränderung des vorhergehenden Verhaltens –, ob es sich um Belohnung oder Bestrafung gehandelt hat.

Also:
Belohnung:
Die Auftretenswahrscheinlichkeit des vorhergehenden Verhaltens *nimmt zu*.

Bestrafung:
Die Auftretenswahrscheinlichkeit des vorhergehenden Verhaltens *nimmt ab*.

Es ist bewusst von einer Veränderung der „Auftretenswahrscheinlichkeit" die Rede. Damit wird deutlich, dass wir nicht in jedem Fall auch eine tatsächliche Verhaltensänderung beobachten können, aber die *Wahrscheinlichkeit*, mit der das betreffende Verhalten auftritt oder nicht auftritt, verändert sich.

Wir müssen weiterhin beachten, dass es verschiedene Formen der Belohnung und Bestrafung gibt. Schema 1 gibt die Möglichkeiten in einem Vierfelderschema wieder. Bisher war immer nur

Schema 1: *Vierfelderschema der Verstärkung*

	einsetzen, hinzufügen	absetzen, wegnehmen
positiver Reiz	**Belohnung Typ I** (positive Verstärkung) (z. B. Lob) **Verhalten wird häufiger**	**Bestrafung Typ II** (Löschung, Frustration) (z. B. Taschengeld kürzen) **Verhalten wird seltener**
negativer Reiz	**Bestrafung Typ I** (z. B. Tadel) **Verhalten wird seltener**	**Belohnung Typ II** (negative Verstärkung) (z. B. schmerzfrei nach Tabletteneinnahme) **Verhalten wird häufiger**

Immer wenn mit diesen Formen von Belohnung und Bestrafung Verhalten verändert wird, spricht man vom *operanten Konditionieren*.

von dem *Zufügen* eines positiven (z. B. Lob) oder negativen (z. B. Tadel) Reizes die Rede. Wie dem Schema zu entnehmen ist, gibt es aber auch die Möglichkeit des *Absetzens* eines positiven oder negativen Reizes. Wenn jemand unter Kopfschmerzen (= negativer Reiz) leidet und er nimmt eine Kopfschmerztablette und die Kopfschmerzen verschwinden (= Absetzen des negativen Reizes), so wird die Wahrscheinlichkeit steigen, das nächste Mal bei Kopfschmerzen auf das gleiche Verhalten (= Einnahme des gleichen Schmerzmittels) zurückzugreifen.

Analog kann bei Kindern, die über das Fernsehprogramm streiten, das Ausschalten des Fernsehers (= Absetzen des positiven Reizes) durch die Eltern dazu führen, zukünftig das Verhalten (= Streiten) weniger zu zeigen.

Immer wenn mit diesen Formen von Belohnung und Bestrafung Verhalten verändert wird, spricht man vom *operanten Konditionieren*.

Wie das Schema zeigt, gibt es:

Belohnung I (einfache Form der Belohnung, positive Verstärkung):
Die Auftretenswahrscheinlichkeit des vorhergehenden Verhaltens *nimmt zu* aufgrund des *Hinzufügens eines positiven Reizes* (z. B. Lob).

Belohnung II (negative Verstärkung):
Die Auftretenswahrscheinlichkeit des vorhergehenden Verhaltens *nimmt zu* aufgrund des *Absetzens eines negativen Reizes* (z. B. Verschwinden von Schmerzen, s. o.).

Bestrafung I (einfache Form der Bestrafung):
Die Auftretenswahrscheinlichkeit des vorhergehenden Verhaltens *nimmt ab* aufgrund des *Hinzufügens eines negativen Reizes* (z. B. Tadel).

Bestrafung II (Frustration, Löschung):
Die Auftretenswahrscheinlichkeit des vorhergehenden Verhaltens *nimmt ab* aufgrund des *Absetzens eines positiven Reizes* (z. B. Taschengeldkürzung). In dem Fall spricht man auch von *Löschung* des vorhergehenden Verhaltens.

Zu den bisher angesprochenen Prinzipien des operanten Konditionierens kommt noch der *zeitliche Aspekt* zwischen dem zu modifizierenden Verhalten und der Konsequenz (sogenannte *Kontiguität*). Es ist immer die unmittelbare, erste Konsequenz wichtiger als eventuelle spätere Konsequenzen.

Ein typisches Beispiel dafür ist der sogenannte Klassenclown, der zur Belustigung seiner Mitschüler immer Unsinn treibt und so manchen Lehrer zur Verzweiflung bringt. Lehrer versuchen – in der Regel erfolglos – durch immer höhere Strafen den Klassenclown von seinem störenden Verhalten abzubringen. Dabei können die Strafen durchaus von dem betreffenden Schüler unter anderen Umständen (!) als Bestrafung empfunden werden. In *dieser Situation* ist es allerdings so, dass die Klasse nach jedem Unsinn vor Vergnügen lacht und johlt. Dies ist für

5.4 Abriss einiger wichtiger lernpsychologischer Aspekte der Verhaltensmodifikation

den Klassenclown eine *unmittelbare* Belohnung. Diese Belohnung ist weitaus effektiver als der später folgende Bestrafungsversuch des Lehrers. Der Lehrer hätte in diesem Fall die Aufgabe, die Belohnung des Clowns durch die Klasse zu unterbinden, z. B. dadurch, dass er jedes Gelächter der Klasse mit einer Strafarbeit für die Klasse sanktioniert.

Dieser wichtige Zusammenhang ist in weitaus schwierigeren gesellschaftlichen Situationen bekannt. So weiß man, dass die Abschreckung von Straftaten viel mehr von der Schnelligkeit des Fassens und der Verurteilung eines Straftäters abhängt als von der Höhe der Strafe.

Das gleiche Phänomen zeigt sich beim Konsum von Drogen. Kurzfristig (also unmittelbar) hat der Konsum positive Konsequenzen (= Belohnung), langfristig aber negative Konsequenzen (= Bestrafung). Auch das Wissen um die langfristigen negativen Konsequenzen hält z. B. die meisten Raucher nicht vom Rauchen ab, wenngleich nicht wünschenswert, so doch unter Berücksichtigung der Lerngesetzmäßigkeiten nur logisch.

In allen Bereichen des Sozialverhaltens kommen diese Prinzipien der Belohnung und Bestrafung zum Tragen. Häufig führen diese Lerngesetzmäßigkeiten zu einer Verstärkung sozial unerwünschten Verhaltens. Der Straßenverkehr ist hierfür ein typisches Beispiel: Autofahrer, die auf der Autobahn bei einer Baustelle wirklich die dort vorgeschriebenen 80 km/h fahren, werden häufig von anderen Fahrern, sogar von LKW-Fahrern (die ohnehin nur 80 km/h fahren dürfen) mit Lichthupe oder nahem Auffahren genötigt, *gesetzeswidrig* schneller zu fahren. Sozial erwünschtes Verhalten, nämlich korrektes Fahren, wird also nicht nur nicht „belohnt", sondern „bestraft". Die Folge: Immer mehr Verkehrsteilnehmer fahren verkehrswidrig!

Wenn eine erwartete oder vorgesehene Strafe nicht erfolgt, ist dies auch eine Form von Belohnung (= negative Verstärkung, s. o.). Wer entgegen der Straßenverkehrsordnung Alkohol trinkt, dessen „Chance", von der Polizei erwischt zu werden, liegt etwa bei 1:600. D. h., er hat statistisch in aller Regel durch das „Nicht-erwischt-Werden" eine massive Verstärkung dieses unerwünschten Verhaltens erfahren. Gerade im Straßenverkehr lassen sich viele solcher Lernprozesse beschreiben, die sozial unerwünscht sind. Besonders fatal ist dann noch die Tatsache, dass die Kommunen mit diesem Fehlverhalten der Autofahrer fest rechnen und die verhängten Bußgelder einen so wichtigen Einnahmeposten der Kommunen darstellen, dass sie gar nicht ohne dieses Geld zurecht kämen. Ähnliches lässt sich darstellen im Bereich der Steuerehrlichkeit, wo der Steuerehrliche damit rechnen muss, zum Gespött (= Bestrafung) derjenigen zu werden, die den Fiskus betrügen.

Bei den Hartz IV-Regeln gibt es ebenfalls Regelungen, die auf lernpsychologischen Grundsätzen basieren. So werden die Regelleistungen gekürzt, wenn z. B. gegen die Eingliederungsvereinbarung – die zwischen Jobcenter und Leistungsbezieher vereinbart wird – verstoßen wird, wie etwa die Annahme einer zumutbaren Arbeit. Ziel ist es, Leistungsempfänger wieder in das Arbeitsleben einzugliedern, was allerdings voraussetzt, dass es genügend Arbeitsplätze gibt!

Auch bei den sogenannten erlebnispädagogischen Maßnahmen bei straffälligen Jugendlichen gibt es eine lernpsychologisch begründete Problematik. Bei diesen Interventionen stellt sich nämlich die Frage, ob diese Maßnahme nicht vielleicht als Belohnung für antisoziales Verhalten angesehen wird. Da wissenschaftlich überprüfbare Befunde, die den Erfolg dieser Maßnahmen ausreichend belegen, nicht vorliegen, erregen solche Interventionen immer wieder die Öffentlichkeit.

Selbst die Medizin zeigt problematische Aspekte des operanten Konditionierens. So verdient (= Belohnung) der Arzt nicht an der Gesundheit, sondern an der Krankheit eines Patienten. D. h., unser Gesundheitssystem legt ungewollt einen Anreiz für die Ärzte, Patienten als solche zu halten. Die früheren chinesischen Mandarine waren da schlauer. Sie bezahlten ihre Ärzte nur so lange, wie sie gesund waren. Erkrankten sie, blieben die Zahlungen aus.

Wer sich einmal durch den Kopf gehen lässt, wo überall in unserer Gesellschaft durch operantes Konditionieren sozial unerwünschtes Verhalten verstärkt wird, wird sich möglicherweise wundern, warum nicht noch mehr Menschen ein problematisches Verhalten zeigen.

Eine besondere Rolle spielt noch das sogenannte *aktive Vermeidungsverhalten*. Wenn jemand Angst vor seinem Chef hat, wird er versuchen, soweit es ihm möglich ist, dem Chef aus dem Weg zu gehen. Er vermeidet aktiv den Kontakt, indem er z. B. dann, wenn ihm sein Chef auf dem Flur begegnet, in das nächste Büro flüchtet und sich dort unter irgendeinem Vorwand so lange aufhält, bis er davon ausgehen kann, dass der Chef nicht mehr auf dem Flur ist. Jede „erfolgreiche" Vermeidung bedeutet eine Reduktion der beim Sehen des Chefs entstandenen Angst und verstärkt (= negative Verstärkung) dieses Vermeidungsverhalten und vergrößert letztlich die Angst.

Ein weiterer wichtiger Punkt ist die Regelmäßigkeit, mit der Belohnung oder Bestrafung eintritt, die sogenannten *Verstärkerpläne*. Sofern *immer* auf ein bestimmtes Verhalten die entsprechende Belohnung oder Bestrafung tatsächlich eintritt, spricht man von *kontinuierlicher Verstärkung*. Ist dies nicht der Fall, d. h., treten entsprechende Belohnungen oder Bestrafungen unregelmäßig, z. B. nur in der Hälfte aller Fälle, auf, spricht man von *intermittierender Verstärkung*.

Diese Unterscheidung ist nicht nur von akademischem Interesse, sondern hat für die Praxis eine sehr große Bedeutung. Verhalten, das intermittierend verstärkt wurde, ist weitaus stabiler (also schwerer zu ändern) als ein Verhalten, das kontinuierlich verstärkt wurde. In der Lernpsychologie spricht man davon, dass ein Verhalten, das schwerer zu verlernen ist, schwerer *gelöscht* werden kann. Löschen heißt also in diesem Zusammenhang, den vorherigen Lernprozess wieder aufzuheben.

Dazu ein Beispiel: Eine Mutter, die auf dem Weg zum Kindergarten mit ihrem Kind an einem Bäckerladen vorbeikommt und auf das Drängen des Kindes hin jedes Mal in dem Laden ein Stück Kuchen kauft, wird dieses Verhalten leichter ändern können als eine Mutter, die dem Drängen des Kindes nur ab und zu nachgibt. Im letzteren Fall „weiß" das Kind ja, dass es nicht immer seinen Willen bekommt, und wird länger die „Hoffnung" haben, doch noch seinen Willen durchsetzen zu können. Es erinnert übrigens an das bekannte Sprichwort:

> Wer nicht früh genug „Nein" sagt,
> muss es später immer lauter sagen.

So werden von manchen Eltern – ohne es zu wollen – schreiende Säuglinge in ihrem „Schreiverhalten" verstärkt. Dies, weil die Eltern das Schreien intermittierend verstärken, indem sie mal nach dem Kind (das schlafen sollte) schauen und es aus dem Bett nehmen und mal nicht.

5.4 Abriss einiger wichtiger lernpsychologischer Aspekte der Verhaltensmodifikation

Eine heftig diskutierte Frage bezieht sich auf die unterschiedliche Effektivität von Belohnung oder Bestrafung. Dazu einige Hinweise: Bei Belohnung hält das Verhalten in der Regel so lange, wie die Belohnung gegeben wird. Fällt die Belohnung weg, muss mit einer Löschung des Verhaltens gerechnet werden, da es sich ja um einen Entzug eines positiven Reizes handelt (= Bestrafung Typ II), es sei denn, es sind andere, zusätzliche Verstärker hinzugekommen.

Bei dem Einsatz von Belohnungen steht man häufig vor dem Problem, was als Belohnung (Verstärker) eingesetzt werden kann. Eingangs war darauf hingewiesen worden, dass es nicht darauf ankommt, ob etwas als Belohnung (oder Bestrafung) gemeint war, sondern wie der Adressat es empfindet. Um zu erfahren, was eine Person als Belohnung empfindet, verweist Schulte (1974) auf Listen zur Erfassung von Verstärkern. Eine neuere, überarbeitete Form stammt von Nolte (2003). Die Reliabilität dieser Version lag bei mehr als zwei Drittel aller Items über 0,60. Diese Verstärkerliste ist im Anhang 2 wiedergegeben.

Bestrafung macht im Gegensatz zur Belohnung nur deutlich, welches Verhalten *unerwünscht* ist. Es enthält somit nicht automatisch Informationen über das erwünschte Verhalten. Nicht zu vergessen sind auch bei Bestrafung unerwünschte Nebeneffekte, z. B. dass das Verhalten nicht zwingend immer seltener wird, sondern manchmal nur heimlich ausgeführt wird (um der Bestrafung zu entgehen). Erfolgreiche Bestrafung wirkt allerdings länger, da das unerwünschte Verhalten wegen der Vermeidung der Bestrafung nicht mehr gezeigt wird. Die Person, um deren Verhalten es geht, „weiß" also nicht, dass vielleicht gar keine Bestrafung mehr erfolgt, weil sie ja das Verhalten wegen der bis dahin erfahrenen Bestrafung nicht mehr zeigt. Auf dieses Prinzip griff Machiavelli schon 1532 zurück, wenn er dem Fürsten empfahl, vom Volk eher gefürchtet als geliebt zu werden, denn „die Furcht erhält sich durch die Angst bestraft zu werden, die niemals aufhört" (Machiavelli, 1980, S. 69). Letztendlich hängt es von dem zur Diskussion stehenden Verhalten ab, ob sinnvoller mit Belohnung oder Bestrafung gearbeitet wird.

> **Wir halten fest:**
> - Belohnung und Bestrafung sind durch die Veränderung der Auftretenswahrscheinlichkeit des nachfolgenden Verhaltens definiert.
> - Operantes Konditionieren finden wir in allen Alltagssituationen wieder.
> - Verhalten, das durch intermittierende Verstärkung aufgebaut wurde, ist schwerer zu löschen.

5.4.2 Imitationslernen

Eine weitere, für die Soziale Arbeit wichtige Lernform stellt das Imitationslernen, also das Lernen durch Nachahmung, dar. Auch zum Imitationslernen gibt es unterschiedliche theoretische Ansätze, die an dieser Stelle nicht besprochen werden können. Es soll lediglich das grundsätzliche Prinzip dargestellt werden.

Imitationslernen bezeichnet den Erwerb oder eine Änderung des Verhaltens durch die Beobachtung eines Vorbildes, in der Lernpsychologie als Modell bezeichnet. Dieses Modell kann real existieren in Form einer Person oder symbolisch. So kann für einen frommen Menschen ein vor langer Zeit gestorbener Heiliger (den er also selbst nie real erlebt hat) ein Modell sein. Für viele Jugendliche war früher Karl Mays Winnetou ein Modell, für heutige Kinder eher Harry Potter.

Gerade für *komplexes, soziales Lernen* spielt Imitationslernen eine entscheidende Rolle. „Fähigkeiten wie das Autofahren werden nicht einzig durch Kontiguität [vgl. Kap. 5.4.1, Anmerkung des Verfassers] oder Versuch-und-Irrtum erworben; sie erfordern die Darbietung eines Modells", schreibt Lefrancois (2003, S. 202) und fährt fort:

> Wir können wirklich ernsthaft behaupten, dass Menschen das, was in Sachen Sprache, Kleidung und Verhalten akzeptabel bzw. nicht-akzeptabel ist, größtenteils durch Beobachtung der Sprache, Kleidung und des Verhaltens anderer lernen (S. 202).

Modelle können beim Beobachter verschieden wirken. Drei Effekte werden im Folgenden beschrieben:

1. Modelllernen:
Dies liegt vor, wenn ein *neues* Verhalten durch Imitation erworben wird, z. B. ein aggressives Verhalten, das Kinder zuvor in einem Film gesehen haben.

2. Hemmende und enthemmende Effekte:
Hier geht es um die *Hemmung* oder *Enthemmung* bereits gelernten, sozial unerwünschten Verhaltens, für das ein Modell belohnt oder bestraft wird. „Z. B. könnte eine Gruppe von Dieben aufhören zu stehlen, nachdem ein Gruppenmitglied verhaftet und bestraft wurde" (Lefrancois, 2003, S. 201). Dies wäre ein hemmender Effekt. Ein enthemmender Effekt läge dann vor, wenn ein Gruppenmitglied es durch Stehlen zu großem Reichtum gebracht hätte.

3. Auslösende Effekte:
Hier wirkt das Verhalten des Modells als *Auslöser* für ein nicht neues Verhalten beim Beobachter. „Ein ziemlich bekanntes Beispiel für den auslösenden Effekt ist das Verhalten derjenigen, die versuchen, sich auf einem Gebiet auszuzeichnen, weil jemand anders sich auf einem anderen Gebiet auszeichnet" (Lefrancois, 2003, S. 202).

Nicht alle Modelle haben die gleiche Wirkung. Der Effekt eines Modells hängt von einer Reihe von Faktoren ab. Unter anderem sind folgende Modelle besonders wirksam:
- Modelle, deren Verhalten belohnt wird
- Modelle, die beliebt sind
- Modelle, die einen hohen sozialen Rang haben
- Modelle, die selbst Belohnungen austeilen können

Unter Berücksichtigung dieser Sachverhalte muss sich ein Berater in der Sozialen Arbeit darüber im Klaren sein, dass er *immer eine Modellfunktion* gegenüber dem Klienten hat. Dies gilt nicht nur dann, wenn der Berater dem Klienten ein Verhalten zeigt und auch den expliziten Wunsch hat, nachgeahmt zu werden. Nicht zuletzt aufgrund des sozialen Ranges hat ein Berater immer eine Modellfunktion, ob er dies nun möchte oder nicht. Anders formuliert: Der Berater hat immer Vorbildfunktion.

> **Wir halten fest:**
> - Soziales Lernen ist im hohen Maße Imitationslernen.
> - Durch Modelllernen kann völlig neues Verhalten erworben, vorhandenes, sozial unerwünschtes Verhalten gehemmt oder enthemmt werden oder vorhandenes Verhalten ausgelöst werden.
> - Ein Berater ist immer ein Modell.

5.5 Die Problemanalyse

Kernpunkt wissenschaftlicher VM ist die Problemanalyse, die untrennbar mit den Namen Kanfer und Saslow (1974) verbunden ist und eine Vielzahl von Modifikationen erfahren hat. Sie gliedert sich in die *horizontale* und die *vertikale* Analyse. Was auch als Intervention später durchgeführt wird – es muss letztlich immer aus der Problemanalyse abgeleitet sein.

5.5.1 Problemanalyse I – *Verhalten in Situationen (horizontale Analyse)*

Für die horizontale Analyse, auch als *Mikroanalyse* bezeichnet, entwarfen Kanfer und Saslow (1974) einen Ablauf, bei dem ein *Auslöser* S (= Stimulus) auf einen *Organismus* O trifft, der darauf in spezifischer Form *reagiert* R und diese Reaktionen entsprechende *Konsequenzen* C haben, deren Zusammenhang zu den Reaktionen bezüglich Regelmäßigkeit und zeitlichem Zusammenhang als *Kontingenz* K bezeichnet wird.

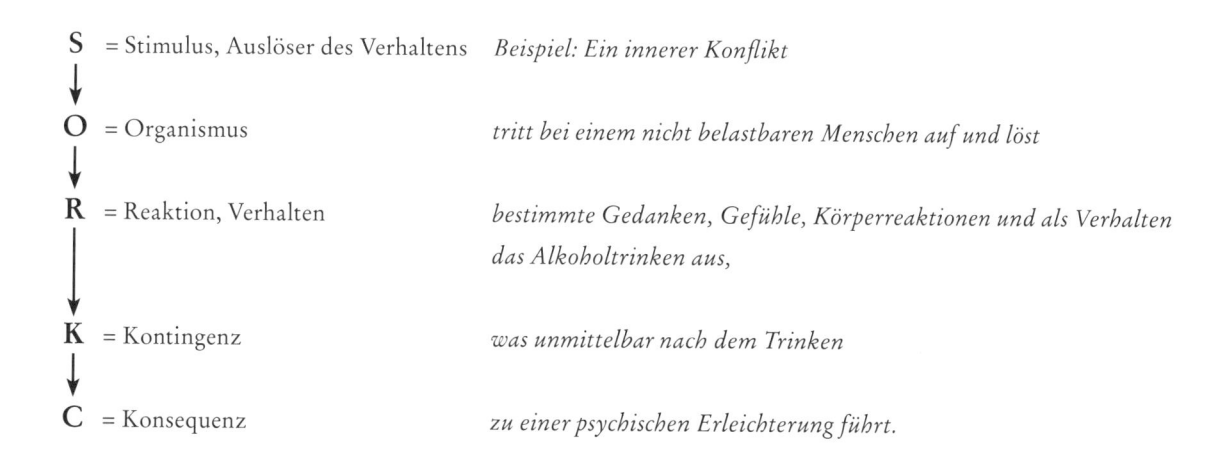

S = Stimulus, Auslöser des Verhaltens   *Beispiel: Ein innerer Konflikt*

O = Organismus   *tritt bei einem nicht belastbaren Menschen auf und löst*

R = Reaktion, Verhalten   *bestimmte Gedanken, Gefühle, Körperreaktionen und als Verhalten das Alkoholtrinken aus,*

K = Kontingenz   *was unmittelbar nach dem Trinken*

C = Konsequenz   *zu einer psychischen Erleichterung führt.*

Dies ist die Beschreibung des *Verhaltens in Situationen* (**ViS**). Das obige einfache Beispiel versucht das Prinzip des Ablaufs zu veranschaulichen. Es greift das bekannte Erleichterungstrinken des Alkoholkonsums auf. Ein wenig belastbarer Mensch (O) trinkt (R) bei einem inneren Konflikt (S) (z. B. Unzufriedenheit mit seinem beruflichen Erfolg) Alkohol, dessen Wirkung unmittelbar (K) zu einer Spannungsreduktion und psychischen Erleichterung (C) führt. Dieses Modell ist vielfach modifiziert worden und im klinischen Rahmen in verkürzter Form unter dem Namen *SORK-Modell* bekannt geworden.

Vereinfachtes SORK-Modell:

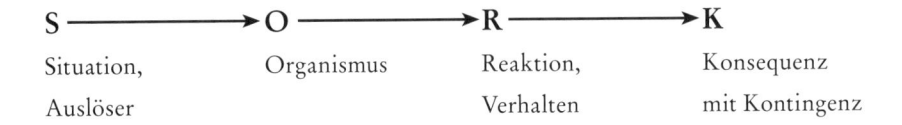

S ───────► O ───────► R ───────► K

Situation,   Organismus   Reaktion,   Konsequenz
Auslöser   Verhalten   mit Kontingenz

Der Aspekt der Kontingenz, von Kanfer und Saslow (1974) als **K** signiert, wird hier nicht mehr explizit genannt und bei der Analyse im Zusammenhang mit der Konsequenz dargestellt, wie unten noch näher erläutert wird. Das **K** steht also für *Konsequenz mit Kontingenz* und wird auch von uns im Folgenden so gebraucht. Leider führen alter und neuer Gebrauch der Signierung bei denjenigen, die sich zum ersten Mal mit der Problemanalyse beschäftigen, gelegentlich zur Verwirrung.

Das Gleiche gilt für das **R** für Reaktion, Verhalten. Um deutlich zu machen, dass es sich bei dem Symbol **R** nicht nur um eine Reaktion, sondern sehr wohl um eine aktives Verhalten handelt, wurde von mehreren Autoren das **R** durch ein **V** (für Verhalten) ersetzt (vgl. Bartling et al., 1987; 1998; Fliegel & Heyden, 1994), eine Schreibweise, die sinnvoll ist und hier mit der Einschränkung übernommen wird, dass in Klammern das (**R**) noch mit aufgeführt wird (wie im Vorwort zur 4. Auflage erläutert).

Das Modell sieht dann – zunächst (!) – so aus:

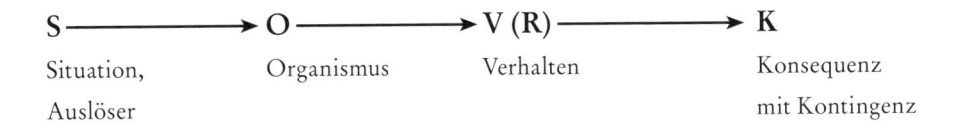

S ───────► O ───────► V (R) ───────► K

Situation,   Organismus   Verhalten   Konsequenz
Auslöser   mit Kontingenz

So einfach wie das im ersten Modell – und in dem obigen Beispiel – mit dem „Reiz" oder „Auslöser" aussieht, ist das keineswegs. Die konkrete Problemsituation muss schon *sehr genau* beschrieben werden. Es sind alle für das folgende Verhalten relevanten situativen Momente, einschließlich der Gedanken des Klienten, zu erfassen. Bei dem oben beschriebenen Erleichterungstrinken wäre also genau abzuklären, welche für das Trinken bedeutsamen Umstände stattfanden. Dies könnte neben der Unzufriedenheit mit der beruflichen Situation vielleicht auch ein vorausgegangenes Streitgespräch mit dem Chef oder dem Partner gewesen sein.

Der *Auslöser* S kann noch unterteilt werden in S^D (= das problematische Verhalten tritt auf) und S^Δ (= das problematische Verhalten tritt *trotz ähnlicher Situation* nicht auf). So gibt es Menschen, die haben Angst mit dem Fahrstuhl zu fahren, wenn sie allein in dem Fahrstuhl sind (= S^D), aber nicht, wenn sie in dem gleichen Fahrstuhl mit anderen Personen sind (= S^Δ) (vgl. Übersicht 6).

5.5 Die Problemanalyse

Weiterhin wurde die simplifizierend wirkende *Organismusvariable* O verschiedentlich konkretisiert. Es ist mit O keineswegs nur die biologische Ausstattung und situative Befindlichkeit des Organismus (z. B. Drogeneinfluss) gemeint. Mit dieser sogenannten O-Variablen sind ebenso erworbene, relativ feste erworbene Verhaltensmuster, aber auch allgemeine Wert-

Übersicht 6: *Symbole der Verhaltensanalyse, ViS*

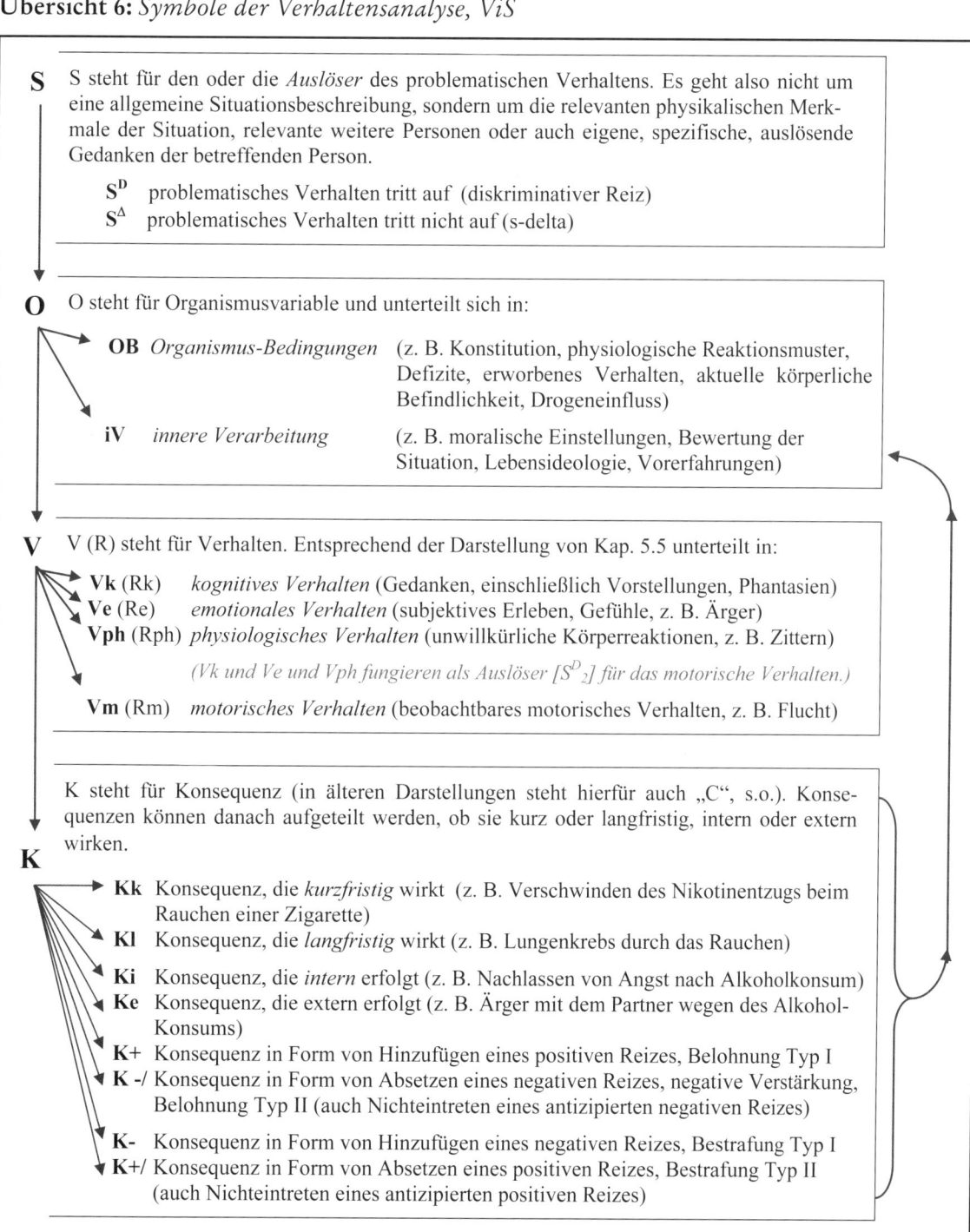

S S steht für den oder die *Auslöser* des problematischen Verhaltens. Es geht also nicht um eine allgemeine Situationsbeschreibung, sondern um die relevanten physikalischen Merkmale der Situation, relevante weitere Personen oder auch eigene, spezifische, auslösende Gedanken der betreffenden Person.

- S^D problematisches Verhalten tritt auf (diskriminativer Reiz)
- S^Δ problematisches Verhalten tritt nicht auf (s-delta)

O O steht für Organismusvariable und unterteilt sich in:

- **OB** *Organismus-Bedingungen* (z. B. Konstitution, physiologische Reaktionsmuster, Defizite, erworbenes Verhalten, aktuelle körperliche Befindlichkeit, Drogeneinfluss)
- **iV** *innere Verarbeitung* (z. B. moralische Einstellungen, Bewertung der Situation, Lebensideologie, Vorerfahrungen)

V V (R) steht für Verhalten. Entsprechend der Darstellung von Kap. 5.5 unterteilt in:

- **Vk** (Rk) *kognitives Verhalten* (Gedanken, einschließlich Vorstellungen, Phantasien)
- **Ve** (Re) *emotionales Verhalten* (subjektives Erleben, Gefühle, z. B. Ärger)
- **Vph** (Rph) *physiologisches Verhalten* (unwillkürliche Körperreaktionen, z. B. Zittern)

(Vk und Ve und Vph fungieren als Auslöser [S^D_2] für das motorische Verhalten.)

- **Vm** (Rm) *motorisches Verhalten* (beobachtbares motorisches Verhalten, z. B. Flucht)

K K steht für Konsequenz (in älteren Darstellungen steht hierfür auch „C", s.o.). Konsequenzen können danach aufgeteilt werden, ob sie kurz oder langfristig, intern oder extern wirken.

- **Kk** Konsequenz, die *kurzfristig* wirkt (z. B. Verschwinden des Nikotinentzugs beim Rauchen einer Zigarette)
- **Kl** Konsequenz, die *langfristig* wirkt (z. B. Lungenkrebs durch das Rauchen)
- **Ki** Konsequenz, die *intern* erfolgt (z. B. Nachlassen von Angst nach Alkoholkonsum)
- **Ke** Konsequenz, die *extern* erfolgt (z. B. Ärger mit dem Partner wegen des Alkohol-Konsums)
- **K+** Konsequenz in Form von Hinzufügen eines positiven Reizes, Belohnung Typ I
- **K -/** Konsequenz in Form von Absetzen eines negativen Reizes, negative Verstärkung, Belohnung Typ II (auch Nichteintreten eines antizipierten negativen Reizes)
- **K-** Konsequenz in Form von Hinzufügen eines negativen Reizes, Bestrafung Typ I
- **K+/** Konsequenz in Form von Absetzen eines positiven Reizes, Bestrafung Typ II (auch Nichteintreten eines antizipierten positiven Reizes)

haltungen und Einstellungen sowie die Bewertung der Situation, einschließlich früherer Erfahrungen mit ähnlichen Situationen, gemeint. In dem Organismus findet also eine *innere Verarbeitung* (**iV**) statt. Es scheint daher sinnvoll, diese O-Variable etwas aufzuteilen und in die direkteren *Organismus-Bedingungen* (**OB**) und die *innere Verarbeitung* (**iV**) zu unterscheiden.

Auch das *Verhalten* **V** (R) wird aufgeteilt, und zwar in das *kognitive Verhalten* **Vk** (Rk), *emotionale Verhalten* **Ve** (Re), *physiologische Verhalten* **Vph** (Rph) sowie das *motorische Verhalten* **Vm** (Rm). Zu dem kognitiven Verhalten gehören alle Überlegungen, aber auch Phantasievorstellungen. Wenn ein Student sich vor einer mündlichen Prüfung vorstellt, wie er Fragen nicht beantworten kann (sog. Katastrophenphantasien), dann ist das sein kognitives Verhalten. Wenn er dann Angst bekommt, ist dies das emotionale Verhalten. Die dann vielleicht eintretende körperliche Unruhe mit Schweißausbrüchen wäre sein physiologisches Verhalten. Dies könnte dann darin münden, dass der Student nicht zur Prüfung geht, was das motorische Verhalten wäre.

Und schließlich werden noch die *Konsequenzen* **K** unterteilt (vgl. Übersicht 7), und zwar nach folgenden Aspekten (Bartling et al., 1998):

Dem *zeitlichen Aspekt*,	d. h., ob die Konsequenz *kurzfristig* (**Kk**) oder *langfristig* (**Kl**) *wirkt*. So ist bei einem starken Raucher das Verschwinden des Nikotinentzugs beim Rauchen einer Zigarette eine kurzfristige Konsequenz *(Kk)*. Die gesundheitlichen Schäden des Rauchens, wie etwa der Lungenkrebs, hingegen eine langfristige Konsequenz *(Kl)*. Wir erinnern uns dabei: Die kurzfristigen Konsequenzen sind immer wirksamer als die langfristigen.
Dem *Entstehungsort*,	d. h., ob die Konsequenz *intern* (**Ki**) oder *extern* (**Ke**) *wirkt*. So stellt das Nachlassen von Angst nach Alkoholkonsum eine interne Konsequenz dar *(Ki)*. Ein eventueller Ärger mit dem Partner wegen des Alkoholkonsums hingegen wäre eine externe *(Ke)* Konsequenz.
Der *Qualität*,	d. h., wie die Konsequenz im Sinne des in Kap. 5.4.1 dargestellten Vierfelderschemas von Belohnung und Bestrafung aussieht. Das Hinzufügen eines positiven Reizes wird mit einem Pluszeichen (**+**) gekennzeichnet, das Hinzufügen eines negativen Reizes mit einem Minuszeichen (**-**). Der Entzug eines positiven Reizes (Bestrafung Typ II) wird mit einem durchgestrichenen Pluszeichen oder einem Pluszeichen und einem Slash (**+/**) gekennzeichnet, und der Entzug eines negativen Reizes (negative Verstärkung) wird mit einem durchgestrichenen Minuszeichen oder durch ein Minuszeichen und einem Slash (**-/**) gekennzeichnet.

5.5 Die Problemanalyse

Wenn wir diese drei Aspekte zusammenfügen, bekommen wir – in Anlehnung an das bekannte Vierfelderschema von Kap. 5.4.1 – die in den Übersichten 7a und 7b wiedergegebenen Signierungen der Konsequenzen.

Übersicht 7a: *Die Konsequenzen mit allen drei Aspekten (Zeit, Ort, Qualität) aufgelistet*

Kki+	Konsequenz kurzfristig intern:	ein *positiver interner Reiz* wird hinzugefügt (Belohnung I)
Kke+	Konsequenz kurzfristig extern:	ein *positiver externer Reiz* wird hinzugefügt (Belohnung I)
Kli+	Konsequenz langfristig intern:	ein *positiver interner Reiz* wird hinzugefügt (Belohnung I)
Kle+	Konsequenz langfristig extern:	ein *positiver externer Reiz* wird hinzugefügt (Belohnung I)
Kki-/	Konsequenz kurzfristig intern:	ein *negativer interner Reiz* wird abgesetzt (Belohnung II)
Kke-/	Konsequenz kurzfristig extern:	ein *negativer externer Reiz* wird abgesetzt (Belohnung II)
Kli-/	Konsequenz langfristig intern:	ein *negativer interner Reiz* wird abgesetzt (Belohnung II)
Kle-/	Konsequenz langfristig extern:	ein *negativer externer Reiz* wird abgesetzt (Belohnung II)
Kki-	Konsequenz kurzfristig intern:	ein *negativer interner Reiz* wird hinzugefügt (Bestrafung I)
Kke-	Konsequenz kurzfristig extern:	ein *negativer externer Reiz* wird hinzugefügt (Bestrafung I)
Kli-	Konsequenz langfristig intern:	ein *negativer interner Reiz* wird hinzugefügt (Bestrafung I)
Kle-	Konsequenz langfristig extern:	ein *negativer externer Reiz* wird hinzugefügt (Bestrafung I)
Kki+/	Konsequenz kurzfristig intern:	ein *positiver interner Reiz* wird abgesetzt (Bestrafung II)
Kke+/	Konsequenz kurzfristig extern:	ein *positiver externer Reiz* wird abgesetzt (Bestrafung II)
Kli+/	Konsequenz langfristig intern:	ein *positiver interner Reiz* wird abgesetzt (Bestrafung II)
Kle+/	Konsequenz langfristig extern:	ein *positiver externer Reiz* wird abgesetzt (Bestrafung II)

Nehmen wir als Beispiel ein aggressives Verhalten fremdenfeindlicher Jugendlicher gegenüber Asylbewerbern. In der Übersicht 8 ist ein solches Problem nach unserem Schema als „Verhalten in Situationen" ViS dargestellt.

Zu dem Auslöser S^D_1 der Problemsituation gehört, dass die Jugendlichen nicht einzeln, sondern als Gruppe auf die Asylanten stoßen. Wäre es jeweils nur ein fremdenfeindlicher Jugendlicher gegenüber einzelnen Asylanten, würde das (möglicherweise) keine Auslöserfunktion haben, also S^Δ darstellen. Dies muss aber – wie alle Punkte des ViS – genau *erfragt* und geprüft werden und ist nicht etwa spekulativ vom Berater „auszudenken".

Zu den Organismus-Bedingungen **OB** (unter Organismus **O**) gehören neben der aufgeheizten, aggressiven Stimmung ein bei solchen Jugendlichen häufiger anzutreffendes, grundsätzlich erhöhtes Aggressions- und Gewaltpotenzial. Möglicherweise kommt als zusätzlicher Faktor eine

Übersicht 7b: *Die Konsequenzen mit allen drei Aspekten (Zeit, Ort, Qualität) im Vierfelderschema*

	Einsetzen, hinzufügen	Absetzen, wegnehmen
positiver Reiz	**Belohnung I** Kki+ Kli+ Kke+ Kle+	**Bestrafung II** Kki+/ Kli+/ Kke+/ Kle+/
negativer Reiz	**Bestrafung I** Kki- Kli- Kke- Kle-	**Belohnung II** Kki-/ Kli-/ Kke-/ Kle-/

enthemmende Alkoholwirkung hinzu. Auch das Bedürfnis nach Anerkennung durch die Gruppe spielt bei solchen Eskalationen häufig eine Rolle. Im Rahmen der inneren Verarbeitung **iV** fließen frühere Erfahrungen mit ähnlichen Situationen ebenso mit ein wie eine rechtsradikale Ideologie mit entsprechender negativer Einstellung Angehörigen anderer Völker gegenüber.

Von dieser inneren Verarbeitung geht ein direkter Weg zum Verhalten **V** (R), und zwar zunächst zum kognitiven Verhalten **Vk** (Rk), das sich manchmal nur schwer von der o. g. inneren Verarbeitung trennen lässt. Zu diesen Kognitionen gehören Vorurteile wie etwa, dass die Asylanten Arbeitsplätze wegnehmen würden. Aber auch, dass alle Gruppenmitglieder jetzt das Mitmachen bei Gewaltmaßnahmen erwarten, gehört zu den Kognitionen. Diese Kognitionen führen zu einem Ansteigen von Ärger und Wut als emotionalem Verhalten **Ve** (Re). Die Emotionen wiederum führen zu einer Steigerung der körperlichen Anspannung im Sinne einer aggressiven Erregung der Jugendlichen **Vph** (Rph), möglicherweise verbunden mit einer Blutdruckerhöhung.

Das Erleben der negativen Kognitionen **Vk** (Rk), der negativen Emotionen **Ve** (Re) sowie der physiologischen Erregung **Vph** (Rph) wirkt letztlich als interner zweiter Auslöser S^D_2 für das dann folgende motorische Verhalten **Vm** (Rm), nämlich auf die Asylsanten einzuprügeln.

Von zentraler Bedeutung sind nun die Konsequenzen auf dieses Verhalten. Da findet bei den internen Konsequenzen zunächst eine starke negative Verstärkung dieses aggressiven Prügelns statt. So sind die negativen Kognitionen („die nehmen uns die Arbeitsplätze weg") relativiert und geringer geworden **Kki-/** oder gar durch positive Kognitionen **Kki+** ersetzt worden („denen hab ich es gezeigt"). Auch die Wut wurde abgebaut **Kki-/**, ebenso die körperliche Erregung **Kki-/**. Zusätzlich wird das Prügeln verstärkt durch die Bestätigung durch die Gruppe **Kke+**. Negative Folgen des fremdenfeindlichen Verhaltens **Kle-**, wie z. B. eine Anklage vor Gericht, sind langfristig und deswegen auch nicht so verhaltenswirksam wie die oben beschriebenen „positiven" Konsequenzen. Fraglich ist auch, ob wirklich als negative Konsequenz **Kle-**

5.5 Die Problemanalyse

Übersicht 8: *Aggressives Verhalten fremdenfeindlicher Jugendlicher. Erläuterungen im Text*

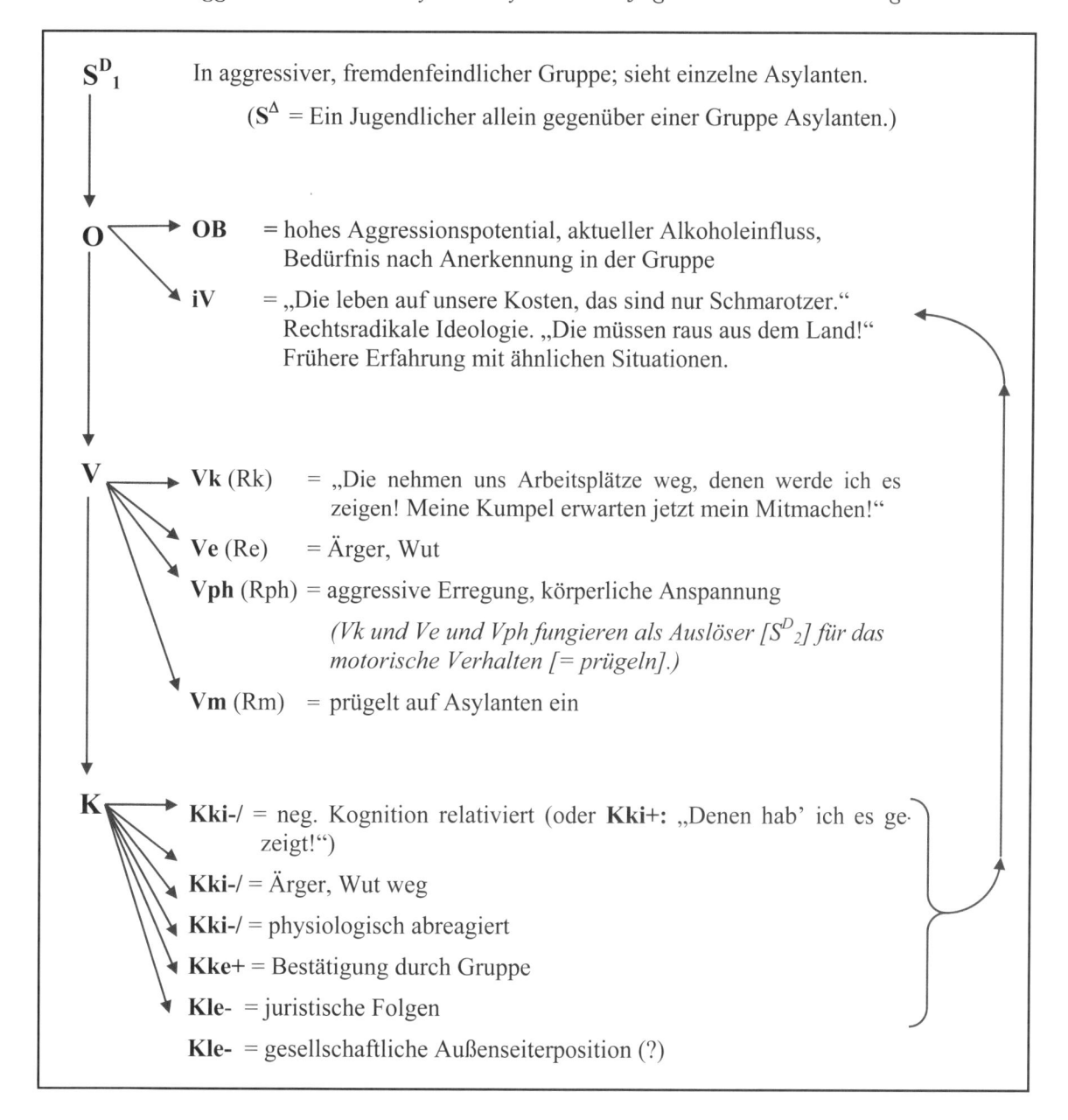

S^D_1 In aggressiver, fremdenfeindlicher Gruppe; sieht einzelne Asylanten.

(S^Δ = Ein Jugendlicher allein gegenüber einer Gruppe Asylanten.)

O → **OB** = hohes Aggressionspotential, aktueller Alkoholeinfluss, Bedürfnis nach Anerkennung in der Gruppe

iV = „Die leben auf unsere Kosten, das sind nur Schmarotzer." Rechtsradikale Ideologie. „Die müssen raus aus dem Land!" Frühere Erfahrung mit ähnlichen Situationen.

V → **Vk** (Rk) = „Die nehmen uns Arbeitsplätze weg, denen werde ich es zeigen! Meine Kumpel erwarten jetzt mein Mitmachen!"

Ve (Re) = Ärger, Wut

Vph (Rph) = aggressive Erregung, körperliche Anspannung

(Vk und Ve und Vph fungieren als Auslöser [S^D_2] für das motorische Verhalten [= prügeln].)

Vm (Rm) = prügelt auf Asylanten ein

K → **Kki-/** = neg. Kognition relativiert (oder **Kki+**: „Denen hab' ich es gezeigt!")

Kki-/ = Ärger, Wut weg

Kki-/ = physiologisch abreagiert

Kke+ = Bestätigung durch Gruppe

Kle- = juristische Folgen

Kle- = gesellschaftliche Außenseiterposition (?)

eine gesellschaftliche Außenseiterposition für die Jugendlichen entsteht oder ob nicht das Verhalten insgeheim von großen Bevölkerungsteilen gebilligt wird. Letztendlich fließen all diese Konsequenzen als neu erlebte Erfahrungen in die zukünftige innere Verarbeitung ähnlicher Situationen ein.

Die Darstellung der Konsequenzen für dieses Beispiel macht deutlich, in welch hohem Maße das problematische Verhalten verstärkt und damit das Prügeln zukünftig eher wahrscheinlicher wird statt seltener.

Es muss noch einmal betont werden, dass so ein Schema nicht vom Berater erdacht wird, sondern das Ergebnis einer sorgfältigen und umfassenden Exploration darstellen muss. Es empfiehlt sich, die Erstellung dieses Verhaltens in Situationen **ViS** zu üben. Deswegen ist das Schema im Anhang 3 mit der Signierung wiedergegeben. Beispielsweise können Studenten einen Kommilitonen hinsichtlich seiner (vielleicht) vorhandenen Lernstörungen explorieren und dann eine entsprechende **ViS** erstellen.

> **Wir halten fest:**
> - Das Schema des **ViS** macht das Verhalten eines Klienten in einer konkreten Situation erklärbar.
> - Zum **ViS** gehören die auslösenden Bedingungen, die Organismusbedingungen, die vier Ebenen des Verhaltens sowie die Konsequenzen.
> - Da die Analyse des **ViS** die stabilisierenden Konsequenzen des Problemverhaltens aufzeigt, ist sie ein notwendiger Schritt für eine Verhaltensänderung.

5.5.2 Problemanalyse II – Ebene der Regeln und Pläne (vertikale Analyse)

Nach der oben dargestellten *horizontalen* Analyse aktueller Handlungsverläufe wird nun im Rahmen der sog. *vertikalen* Analyse, auch als *Makroanalyse* oder *Plananalyse* bezeichnet, das Verhalten im Zusammenhang mit *situationsübergreifenden, allgemeinen Zielen* untersucht (Bartling et al., 1998).

Wenn wir uns z. B. mit der Prüfungsangst eines Studenten beschäftigen, so untersucht die horizontale Analyse die konkrete Prüfungssituation. Dass der Student überhaupt in diese Prüfungssituation kommt, liegt an seinem übergeordneten Ziel, nämlich einen akademischen Grad zu erlangen und als Akademiker zu arbeiten. Die Makroanalyse hat somit das Ziel, problematische Verhaltensmuster (wie eben die o. g. Prüfungsangst) in ihrer Funktion für wichtige, übergeordnete Ziele der Person zu verstehen. Damit werden auch längerfristige, situationsübergreifende Motivationen und (Lebens-)Ziele erkennbar und berücksichtigt, die das Verhalten des betreffenden Menschen steuern.

Bei dieser Plananalyse geht es also darum, anhand problemrelevanter Beispiele solche gemeinsamen Steuerungsmuster zu erfassen. Sie werden als innere Prozesse gewertet, die verhaltenssteuernd wirken. Diesem Modell liegt zugrunde, dass man davon ausgeht, dass es zu *übergeordneten Ziel*en gemeinsame Steuerungseinheiten gibt, die als *Pläne, Regeln* und *(Verhaltens-)Strategien* bezeichnet werden.

Pläne dienen der Realisation der *übergeordneten Ziele* und führen zu verschiedenen *Regeln* und *(Verhaltens-)Strategien*. Der Vollständigkeit halber sei gesagt, dass verschiedentlich noch von *Oberplänen* gesprochen wird, denen mehrere „niedrigere" *Pläne* untergeordnet sind (Bartling et al., 1998). Da ich diese Differenzierung nicht für hilfreich halte, wird sie hier nicht übernommen.

- Ein *übergeordnetes Ziel* könnte der Wunsch eines Schauspielers sein, weltberühmt zu werden.
- Dazu gehört der *Plan*, mit erfolgreichen Regisseuren in Kontakt zu kommen.
- Die dazugehörige *Regel* besteht möglicherweise darin, Engagements bei unbekannten Regisseuren immer abzulehnen.

5.5 Die Problemanalyse

- Eine *Strategie* könnte dann darin bestehen, sich bei den verschiedensten erfolgreichen Regisseuren um jede auch noch so kleine Rolle zu bemühen.

Bei den *Regeln* unterscheiden wir die *Verhaltensregeln* und die *Systemregeln*. Eine *Verhaltensregel* bedeutet, dass in gleichen Situationen immer das gleiche konkrete Verhalten gezeigt wird (z. B., wenn ein Angestellter an *jedem* Freitag seinen Chef fragt, ob er über das Wochenende noch etwas erledigen kann).

Die *Systemregeln* hängen, ebenso wie die oben besprochenen Pläne und Regeln, von den Werthaltungen und Normen eines Klienten ab sowie von der Rolle, die er in seiner sozialen Bezugsgruppe einnimmt. Systemregeln beinhalten Vorschriften für das Verhalten der Mitglieder eines bestimmten sozialen Systems. Solch ein System kann die Familie sein, aber auch eine studentische Verbindung, eine Religion oder auch bestimmte Bevölkerungsschichten. In jedem Fall haben die in diesen Systemen geltenden Regeln großen Einfluss auf ihre Angehörigen und deren individuelle Pläne und Verhaltensstrategien. Wir kommen also nicht umhin, diese Systemregeln zu erfassen – am effektivsten im Rahmen einer sorgfältigen Anamnese (vgl. Kap. 5.2).

Bartling et al. (1998) weisen darauf hin, dass *dieselbe Systemregel* bei verschiedenen Mitgliedern des Systems zu unterschiedlichen *Verhaltensregeln* führen kann. So z. B. bei der Systemregel in einer Familie: „Keiner darf Außenstehenden gegenüber etwas Negatives über ein anderes Mitglied äußern." Dies kann als *Verhaltensregel* aufgefasst werden, aus der Familie gar nichts *oder* nur Positives zu erzählen.

Bartling et al. (1998) listen einen Kriterienkatalog auf, nach dem der Berater die Ziele, Pläne und Strategien eines Klienten beurteilen kann. Dieser Katalog mit den dazugehörigen Beispielen (S. 60–63) ist im Folgenden – etwas modifiziert – wiedergegeben.

> 1. Sind die verfolgten Ziele und Strategien bewusst und transparent?
> Frau M. hat an allen Freundinnen ihres inzwischen 36-jährigen Sohnes etwas auszusetzen (Verhaltensstrategie), sie sind ihr alle nicht gut genug für ihn. Sie möchte ihren Sohn damit vor einer falschen Entscheidung bewahren. „Ich will ja nur dein Bestes" (angegebenes Ziel). Eigentlich will Frau M. mit ihrem Verhalten jedoch verhindern, dass ihr Sohn aus der gemeinsamen Wohnung auszieht (nicht bewusstes Ziel).

> 2. Ist die Zielsetzung rational und realistisch (d. h. erreichbar für den Klienten)?
> Ein 35-jähriger schüchterner Mann wartet seit Jahren darauf, dass ein 18-jähriges schönes, intelligentes und unberührtes Mädchen auf ihn zugeht und von da ab nur noch für ihn da ist.

> 3. Sind unterschiedliche Pläne widerspruchsfrei?
> Z. B., wenn es den Plan gibt, „gehe auf deine Kinder ein", und ein dazu im Widerspruch stehender Plan, „setze alle Entscheidungen durch, die du für richtig hältst".

> 4. Sind die von dem Klienten aus den übergeordneten Zielen abgeleiteten Strategien sinnvoll?
> Frau P. möchte eine gute Ehefrau sein (übergeordnetes Ziel). Bei der Heimkehr ihres Mannes hat sie schon sämtliche Hausarbeiten erledigt und das Essen bereitet und verzichtet auf viele Einladungen ihrer Freundinnen (Strategie) und wird so immer unzufriedener (nicht sinnvolle Nebenwirkung).

> 5. Sind die gewählten Strategien effizient?
> Herr B. hat das Ziel, an seinem neuen Wohnort die Nachbarn kennenzulernen. Seine Strategie zu warten, bis ihn jemand anspricht, hat bisher nicht zum Ziel geführt.

6. Hat der Patient die entsprechende Verhaltenskompetenz?
Herr B. (siehe Punkt 5) weiß zwar, dass es Erfolg versprechender wäre, von sich aus die Nachbarn anzusprechen. Da er aber befürchtet, dann so aufgeregt zu sein, dass er nicht mehr weiß, was er sagen soll, hat er sich bisher nicht dazu durchringen können.

> **Wir halten fest:**
> - Nach der horizontalen Analyse ist die vertikale Analyse ebenfalls unverzichtbar für eine effektive Verhaltensänderung.
> - Die vertikale Analyse untersucht das Verhalten des Klienten unter dem Aspekt längerfristiger Ziele und daraus abgeleiteter Pläne, Verhaltensregeln und Strategien.

5.5.3 Problemanalyse III – Veränderungsmotivation

Ein Problem im Rahmen der oben dargestellten horizontalen und vertikalen Analyse erkannt zu haben, ist zwar eine Voraussetzung für eine Verhaltensänderung, aber ersetzt nicht den dann folgenden Arbeitsprozess der Veränderung. Wer weiß, dass er ein Problem hat, ist nicht automatisch bereit, sein Verhalten zu ändern. Raucher, die wissen, dass Rauchen ihre Gesundheit schädigt, aber weiterrauchen, sind hierfür ein typisches Beispiel. Erst wenn die Motivation für eine Veränderung groß genug ist, kann mit einer Erfolg versprechenden Intervention begonnen werden. So ist bekannt, dass Raucher nach einem (überlebten) Herzinfarkt mit dem Rauchen aufhören „konnten", obwohl sie vorher immer behauptet hatten, „es" ginge nicht. (Bei solchen Formulierungen lohnt es immer die Klienten zu fragen, wen sie mit „es" meinen!)

Diese Frage der Veränderungsmotivation ordne ich der Problemanalyse III zu, denn in vielen Bereichen ist eben die mangelnde Veränderungsmotivation – wie eben bei Rauchern – eines der Probleme. Andere Autoren sehen hierin eine von der Problemanalyse losgelöste Fragestellung. Unstrittig ist aber, dass die Prüfung der Veränderungsmotivation vor einer Intervention unverzichtbar ist.

Lazarus und Fay (1996) führen folgende, von mir etwas modifizierte Änderungsvoraussetzungen mit den dazugehörigen Beispielen auf (S. 26):

1. Etwas als Problem erkennen.
Es gibt eine Menge Leute, die unerfüllt zu sein und zu leiden scheinen, die sich selbst aber nicht als jemanden ansehen, der Probleme hat.

2. Die Möglichkeit akzeptieren, dass man etwas machen kann.
Es gibt eine Menge Leute, die sagen, sie hätten Probleme, aber die meinen, dass sie nun mal so seien und man da nichts machen könne.

3. Den Wunsch, sich zu ändern, zum Ausdruck bringen.
Und wieder gibt es eine Menge Leute, die sagen, dass sie Probleme hätten, und die wissen, dass es möglich ist, sich zu ändern, die aber kein Interesse daran zu haben scheinen, sich zu ändern.

4. Die Bereitwilligkeit, an sich zu arbeiten und sich Mühe zu geben, sich zu ändern.
Dies ist der *entscheidende Punkt*. Nur wer bereit ist, auch Mühe auf sich zu nehmen, wird sich ändern. Zu dieser „Mühe" gehören

5.5 Die Problemanalyse

- die Bereitschaft sich *Notizen* zu machen (z. B. zur Erstellung einer Grundrate des Verhaltens oder spezifischer Bedingungen oder von Übungen),
- *konkrete Übungen* (z. B. auch als Hausaufgaben) durchzuführen und
- die notwendigen Übungen *kontinuierlich durchzuführen*.

Diese vier Punkte von Lazarus und Fay müssen bei einem Klienten erfüllt sein, wenn eine Intervention mit ihm erfolgreich sein soll. Gerade der vierte Punkt ist dabei bedeutsam, denn er macht klar, dass der Klient eine *aktive Rolle* einnehmen muss. Ich pflege Klienten *vor* einer Intervention zu sagen, dass ich mich gewissermaßen als Wegweiser betrachte, der Lösungen für ihr Problem aufzeigt. Gehen muss der Klient diesen Weg aber selbst – ich trage ihn nicht, auch nicht, wenn der Weg mal schwierig ist.

Zu der Bereitschaft dieser vom Klienten zu leistenden Arbeit gehören vor allem folgende zu klärenden Fragen in Anlehnung an Bartling et al. (1998):

- Wie *schwerwiegend erlebt* der Klient das Problem? Ein Herzinfarktpatient wird das Rauchen als schwerwiegender erleben als ein gesunder Mensch.
- Wie schwerwiegend erlebt seine *soziale Umwelt* das Problem? (Angehörige von Alkoholikern leiden häufig mehr unter dem Alkoholismus als der Betroffene selbst.)
- Mit welcher *Unterstützung* kann der Klient bei seinem Bemühen *durch seine soziale Umgebung* rechnen? (Ist die soziale Umwelt an seiner Problembewältigung interessiert oder füllt der Klient eine für andere entlastende „Sündenbockrolle" aus?)
- Welche *Einschränkungen* ergeben sich aus dem Problem für den Klienten? (Sind die durch Arbeitslosigkeit eingetretenen finanziellen Einschränkungen so, dass eine Umschulung akzeptiert wird?)
- Welche *Vorteile* hat der Klient durch das Problem? (Bekommt der Klient durch sein Problem eine erhöhte Zuwendung? Bleiben ihm unangenehme Dinge erspart?)
- Was *erwartet* der Klient *von seiner Problembewältigung*? (Wenn der Klient lernt, Konflikte mit dem Partner sachlicher anzugehen als bisher, erwartet er dann zugleich eine befriedigendere Sexualität?)
- Welche *Erwartungen* hat der Klient *an den Berater*? (Siehe oben angesprochene „Wegweiserfunktion".)
- Welche *Erwartungen* hat der Klient *an die Intervention*? (Siehe oben angesprochene „Wegweiserfunktion".)

Zur Motivationsklärung gehört letztlich auch eine *gemeinsame Zielbestimmung* von Berater und Klient. Unrealistische Erwartungen müssen auf ein realistisches Maß korrigiert werden. Es sollte aber auch nicht sein, dass der Klient viel weiter gehende Ziele des Beraters akzeptieren muss, als es sein Wunsch ist. So muss jemand, der aus sozialer Unsicherheit heraus auch bei kleinen Gruppen eine Sprechangst hat, nicht lernen, vor einem großen Hörsaal einen Vortrag zu halten – wenn er das nicht für nötig hält und in seiner Lebenswelt nicht benötigt.

> **Wir halten fest:**
> - Nach der horizontalen und vertikalen Analyse folgt die Analyse der Veränderungsmotivation.
> - Nur bei einer ausreichenden Veränderungsmotivation ist eine Intervention Erfolg versprechend.

5.6 Verhaltensmodifikation und Soziale Arbeit – eine Wertung

An dieser Stelle erscheint eine Wertung der VM als Methode der Sozialen Arbeit angezeigt. Das mag vielleicht verwundern, da ja noch keine konkreten Interventionstechniken dargestellt worden sind. Damit mache ich aber zugleich deutlich, dass ich die bisher aufgezeigte methodische Vorgehensweise als den entscheidenden Aspekt der VM ansehe. Hinsichtlich der Interventionen ist die VM offen – sofern sie sich *aus der Problemanalyse logisch ableitet* und die in Kap. 3.3 aufgeführten *wissenschaftlichen Kriterien erfüllt*.

Zu der Unverbindlichkeit sogenannter eigenständiger sozialpädagogischer Methoden wurde in Kapitel 2 das Nötige gesagt. VM wird in der deutschsprachigen sozialpädagogischen Methodenliteratur kaum genannt. In dem Methodenbuch von Galuske (2007) kommt die VM überhaupt nicht vor. Dafür vergleicht er die sogenannten sozialpädagogischen mit den therapeutischen Methoden. Nach ihm erfüllen die therapeutischen Methoden nicht die Anforderungen, die an sozialpädagogische Methoden gestellt werden, was er mit einer Gegenüberstellung zu belegen versucht.

In Übersicht 9 ist Galuskes Gegenüberstellung – modifiziert und vor allem ergänzt um die Spalte der VM – wiedergegeben. Wie zu sehen ist, entspricht die VM voll *seinen* Kriterien sozialpädagogischer Methoden. Die VM geht sogar über diese Anforderungen hinaus und erfüllt teilweise auch noch zusätzlich Kriterien therapeutischer Methoden. Insoweit kann die VM eine volle Integration ihrer Methodik in das sozialpädagogische Repertoire erwarten. Ergänzen möchte ich noch, dass ich Galuskes Darstellung der therapeutischen Methoden nicht teile und dass auch therapeutische Methoden in der klinischen Sozialarbeit unverzichtbar sind.

> **Wir halten fest:**
> - VM erfüllt nicht nur alle Kriterien, die an sozialpädagogische Methoden gestellt werden, sondern geht noch über diese Kriterien hinaus.

5.6 Verhaltensmodifikation und Soziale Arbeit – eine Wertung

Übersicht 9

\multicolumn{3}{c}{**Strukturmerkmale sozialpädagogischer, therapeutischer und verhaltensmodifikatorischer Intervention**}		
Sozialpädagogik	*Therapie*	*Verhaltensmodifikation*
\multicolumn{3}{c}{**Ziel der Intervention**}		
Hilfe zur gelingenden Lebensbewältigung	Hilfe zur gelingenden Lebensbewältigung	*Hilfe zur gelingenden Lebensbewältigung*
\multicolumn{3}{c}{**Charakter der Probleme**}		
generalistisch, sachfunktional und personenintentional, Komplexität von Alltagsproblemen	spezialistisch, personenintentional, Reduktion auf Schlüsselprobleme	*generalistisch oder spezialistisch, sachfunktional und personenintentional, Komplexität von Alltagsproblemen*
\multicolumn{3}{c}{**Situativer Kontext der Intervention**}		
alltagsnah, nicht an spezifische Settings gebunden	alltagsfern, an spezifische Settings gebunden	*alltagsnah, nicht an spezifische Settings gebunden*
\multicolumn{3}{c}{**Charakter der Intervention**}		
Einlassen auf den Alltag, flexible Formen der Interaktion und Problembearbeitung	Verfremdung von Alltag im konstruierten Setting, Reduktion durch Spezifik des therapeutischen Ansatzes	*Einlassen auf den Alltag, flexible Formen der Interaktion und Problembearbeitung*
\multicolumn{3}{c}{**Klientel**}		
potenziell jeder Mensch mit Alltagsproblemen und sozialen Versorgungsinteressen	Personen mit „psychischen" Problemen, Selektion durch Charakter der Intervention, Mittelstandsorientierung	*potenziell jeder Mensch mit Problemen aller Art*

In Anlehnung an Galuske, 2007, S. 139.

6 Ausgewählte Bereiche verhaltensmodifikatorischer Interventionen

Bei der eingangs erwähnten Studie von Bartmann und Grün (2004) gaben die Praktiker der Sozialen Arbeit zu der Frage, welche Verfahren sie der VM zuordnen, folgende Antworten:

Übersicht 10: *Zuordnung einzelner Verfahren zu Methoden der Verhaltensmodifikation*

	ja		nein		k.A.	
	absolut	in %	absolut	in %	absolut	in %
Operante Methoden	48	94,12	1	1,96	2	3,92
Selbstkontrollverfahren	47	92,16	2	3,92	2	3,92
Kognitive Verfahren	43	84,31	3	5,88	5	9,80
Systemat. Desensibilisierung	43	84,31	5	9,80	3	5,88
Selbstsicherheitstraining	42	82,35	7	13,73	2	3,92
Modelllernen	39	76,47	7	13,73	5	9,80
Entspannungsverfahren	29	56,86	18	35,29	4	7,84

Aus Bartmann und Grün, 2004, S. 84.

Es wurde bereits darauf hingewiesen, dass das Kernstück der VM die Problemanalyse darstellt. Es gibt zwar zahlreiche konkrete Einzelstrategien in der VM, deren Einsatz sich jedoch immer aus einer sorgfältigen Problemanalyse ergeben muss.

> Der rezeptartige Einsatz von Interventionsmanualen ohne eine solche Problemanalyse hat mit der VM als wissenschaftliche Methode der Sozialen Arbeit nichts zu tun.

Im Folgenden werden einige ausgewählte Interventionsaspekte und Verfahren der VM erläutert. Darüber hinaus wird auf die vorhandene Literatur verwiesen wie z.B. Fliegel et al. (1994), Fiedler (1996), Grawe (1980) oder Hinsch und Pfingsten (1998), auch wenn dabei einige der Verfahren der VM im psychotherapeutischen Rahmen dargestellt werden.

6.1 Ein persönlicher Lösungsbogen

Das ViS der Problemanalyse gibt direkte Hinweise auf Änderungsmöglichkeiten, die es dem Klienten schon in einem relativ frühen Stadium ermöglichen, selbst aktiv zu sein. Die Übersicht 11 stellt einen von mir veränderten „Persönlichen Lösungsbogen" von Franke (1985) vor. Hier wird der Klient direkt aufgefordert, zu dem aktuellen Verhalten entsprechende Alternativen zu entwerfen. Je nach aktueller Handlungskompetenz kann er diese Alternativen, in Absprache mit seinem Berater, direkt in der Praxis ausprobieren.

6.1 Ein persönlicher Lösungsbogen

Übersicht 11: *Persönlicher Lösungsbogen*
Verhalten eines unsicheren Arbeitslosen bei einem Bewerbungsgespräch

	S^D Auslöser	iV interne Verarbeitung	Verhalten kognitiv V_k (R_k) Was denke ich?	Verhalten emotional V_e (R_e) Wie fühle ich mich?	Verhalten physiologisch V_{ph} (R_{ph}) Wie reagiert mein Körper?	Verhalten motorisch V_m (R_m) Was tue ich?
Bis jetzt	Bewerbungsgespräch	„Es hat bisher nicht geklappt, mich nimmt ja doch keiner."	„Diese Stelle bekomme ich doch nicht."	Pessimistisch, unsicher, aufgeregt, massive Angst,	Schwitzen, Zittern, Herz rast	Kann keinen vernünftigen Satz sagen, versuche das Gespräch baldigst zu beenden.
Ab jetzt	Bewerbungsgespräch	„Ich muss mich nur oft genug bewerben. Ich kenne meine Fähigkeiten."	„Jetzt werde ich versuchen, wenigstens eine meiner Fähigkeiten überzeugend darzustellen."	Aufgeregt, aber vorsichtig optimistisch, hoffnungsvoll.	„Ich beruhige mich mit Atemübungen oder konditionierter Entspannung."	Ich äußere ggf. meine Aufregung, bemühe mich besonders beherrscht zu sein, spreche betont langsam.

Übersicht 11: *Persönlicher Lösungsbogen – Fortsetzung*

	Konsequenzen KK Kurzfristige Konsequenz meines Verhaltens	**Konsequenzen KL** Langfristige Konsequenz meines Verhaltens
Bis jetzt	Ich bin aus der belastenden Situation eher raus. Ich bekomme die Stelle wahrscheinlich nicht.	Meine Angst vor dem nächsten Vorstellungsgespräch wird noch größer. Meine zukünftigen Chancen für eine Beschäftigung werden noch schlechter. Ich werde depressiv.
Ab jetzt	Ich bleibe bewusst länger in der belastenden Situation. Ich zeige kein Vermeidungsverhalten. Ich erhalte mir meine Chance auf die Stelle.	Ich habe meine Vorstellungsfertigkeit verbessert, auch wenn ich *diese* Stelle nicht bekomme. Somit steigen langfristig meine Chancen auf eine Stelle.

Das Beispiel bezieht sich auf einen Arbeitslosen, der bei Vorstellungsgesprächen immer sehr aufgeregt ist und sich damit bisher eine erfolgreiche Bewerbung zunichte gemacht hat. Das Schema unterteilt in „Bis jetzt" in der oberen Zeile und „Ab jetzt" in der unteren Zeile.

In die obere Zeile „Bis jetzt" trägt der Klient – zunächst unter Anleitung und mithilfe des Beraters – sein *bisheriges Verhalten* bei den Bewerbungsgesprächen ein. Dabei kann er auf seine Erkenntnisse aus der Problemanalyse zurückgreifen. Wir greifen dabei die bekannten Ebenen des Verhaltens sowie die Konsequenzen aus dem ViS wieder auf.

In die untere Spalte „Ab jetzt" trägt der Klient anschließend ein, wie er sich *in Zukunft* in der gleichen Situation *verhalten möchte*. Hierbei haben manche Klienten Probleme, auf entsprechende Alternativen zu kommen. Wenn aber der erste Lösungsbogen einmal ausgefüllt ist, werden die Klienten in der Regel kreativer und es fallen ihnen zur gleichen Situation mehrere Lösungsmöglichkeiten ein.

Dieses Herausfinden von Alternativen sollte von dem Klienten *nicht* unter dem Aspekt eingeschränkt werden, nur die Lösungsmöglichkeiten aufzuschreiben, die er sich *aktuell* durchzuführen zutraut. Bei Lösungen, die sich der Klient noch nicht zutraut, bekommt der Berater wichtige Informationen darüber, welche Handlungskompetenzen des Klienten vorrangig zu trainieren sind. Wenn der Klient in unserem Beispiel keine Technik kennt, sich zu beruhigen, so ist das der Hinweis, eine entsprechende Beruhigungstechnik zu erlernen.

Damit wird deutlich, dass der „Persönliche Lösungsbogen" als alleinige Intervention in aller Regel nicht ausreicht, aber in vielen Fällen den zentralen Schritt in eine erfolgreiche Problembewältigung darstellt. Im Anhang 4 ist ein leerer Lösungsbogen zum Kopieren beigefügt.

> **Wir halten fest:**
> - Mit einem „Lösungsbogen" über das aktuelle und zukünftige Erleben und Verhalten in Problemsituationen lassen sich die Erkenntnisse aus dem ViS direkt nutzen.
> - Über den „Lösungsbogen" wird der Klient relativ früh in eine aktive Rolle im Interventionsprozess gebracht.

6.2 Operante Ansätze

Ebenso wie bei dem oben beschriebenen persönlichen Lösungsbogen ergeben sich operante Interventionsansätze (auch Kontingenzmanagement genannt) direkt aus dem ViS der Problemanalyse. Wenn die Konsequenzen bekannt sind, die dem Verhalten folgen, ergeben sich vielfach daraus schon Möglichkeiten, ein Verhalten aufzubauen oder zu löschen. Das Prinzip des operanten Konditionierens wurde bereits in Kap. 5.4.1 ausführlich erläutert. Dort war darauf hingewiesen worden, dass operantes Konditionieren alltäglich vorkommt – bewusst oder unbewusst.

Wenn wir uns der Gesetzmäßigkeiten des operanten Konditionierens bei einem Klienten bewusst sind, haben wir gute Chancen, gezielt sein Verhalten zu verändern. Bei operanten Interventionen unterscheiden wir vom Ziel her, ob ein *erwünschtes Verhalten aufgebaut* werden soll oder ein *unerwünschtes Verhalten abgebaut, gelöscht* werden soll.

Aufbau erwünschten Verhaltens:
Schon die Bestätigung eines Verhaltens des Klienten durch den Berater stellt eine wichtige Form einer operanten Intervention dar. Bei komplexen Verhaltensweisen, die ein Klient erwerben soll, ist ein gestuftes Vorgehen notwendig, das heißt, man nähert sich allmählich dem gewünschten Zielverhalten an. Dieses Vorgehen ist unter dem Begriff *Verhaltensformung (shaping)* und *Verkettung (chaining)* bekannt geworden.

Im Rahmen von Langzeitrehabilitationseinrichtungen für chronisch psychisch Kranke werden beispielsweise häufig Stufenpläne eingesetzt. Auf der ersten Stufe steht das – mit Verstärkung aufgebaute – Zurechtkommen des Klienten mit einer Tagesstruktur. Es folgen dann auf den weiteren Stufen die Übernahme von mehr Pflichten und Aufgaben bis hin zur eigenständigen Planung und Durchführung alltäglicher Aufgaben mit dem Ziel einer möglichst vollständigen Eigenständigkeit. Das Erreichen jeder Stufe wird mit größeren Entscheidungsmöglichkeiten und Freiräumen belohnt (verstärkt). Sollte ein Klient auf einer fortgeschrittenen Stufe dann wieder in ein früheres Verhalten zurückfallen, können gewährte Freiräume (Verstärker) auch wieder entzogen werden (sog. *Response Cost*).

Die sogenannten Fleißkärtchen in der Schule sind ein typisches Beispiel für den Aufbau erwünschten Verhaltens. Die bereits in Kap. 5.4.1 beschriebene Verstärkerliste von Nolte (2003) stellt eine gute Möglichkeit dar, Verstärker zu finden, die bei den jeweiligen Klienten wirksam sind. Im Anhang 2 ist diese Verstärkerliste wiedergegeben. In einem klassischen Feld des operanten Konditionierens zeigen Gottwald und Redlin (1972), wie mit dem systematischen Einsatz von Verstärkern geistig behinderten Kindern geholfen werden kann, neues Verhalten zu erwerben.

Wichtige Regeln für den Einsatz positiver Verstärker sind:
1. Durchführung einer Problemanalyse (Kap. 5.5).
2. Das erwünschte Verhalten (Zielverhalten) muss eindeutig definiert sein.
3. Es müssen geeignete Verstärker, z. B. durch eine Verstärkerliste (siehe oben), ermittelt werden.
4. Die positiven Verstärker sollen unmittelbar (kurzfristig!) nach dem erwünschten Verhalten eingesetzt werden.
5. Die positiven Verstärker sollen zunächst regelmäßig (kontingent) nach dem erwünschten Verhalten eingesetzt werden. Zu einem späteren Zeitpunkt sollten sie zur Stabilisierung des Verhaltens intermittierend erfolgen.
6. Dem Klienten sollte der Zusammenhang zwischen dem erwünschten Verhalten und dem erhaltenen Verstärker bekannt sein.
7. Hilfreich ist, wenn das erwünschte Verhalten selbst eine verstärkende Funktion hat (etwas, was die meisten Lehrer in der Schule vergeblich vom Unterricht für ihre Schüler erwarten).

Abbau, Löschung unerwünschten Verhaltens:
In Kapitel 5.4.1 hatten wir erfahren, dass die Auftretenswahrscheinlichkeit eines Verhaltens sinkt, wenn negative Konsequenzen (dazu gehört ja auch das Ausbleiben erwarteter Verstärker)

folgen. Unerwünschtes Verhalten lässt sich in der Regel zuverlässig durch Löschung abbauen, also dadurch, dass die das Verhalten stabilisierenden Verstärker beseitigt werden. An dem Beispiel des fremdenfeindlichen Verhaltens Jugendlicher wird aber zugleich deutlich, wie schwierig dies sein kann (vgl. Kap. 5.5.1).

Fliegel et al. (1994) bringen ein bekanntes Beispiel für das Löschen antisozialen Verhaltens durch eine *Auszeit (time-out):* Es ging um einen

> ... Jungen, der im Kindesalter wenig soziales Verhalten zeigte, zum Beispiel die anderen Kinder herumkommandierte, ihr Spiel laufend unterbrach und störte. Nachdem in einer fünftägigen Beobachtungsphase das Verhalten des Jungen registriert worden war, wurde in der anschließenden Behandlungsphase systematisch alles unerwünschte Verhalten durch eine Auszeit bestraft, d.h. die soziale Verstärkung durch die anderen Kinder beseitigt. Zeigte der Junge erwünschtes Sozialverhalten, dann verstärkte ihn die Kindergärtnerin positiv; zeigte er Verhalten, das nicht weiter störte, dann wurde er ignoriert; zeigte er jedoch unangemessenes Sozialverhalten, das nicht toleriert werden konnte, dann wurde er von der Kindergärtnerin kurz daraufhin angesprochen, um sein Verhalten zu korrigieren; beendete er daraufhin nicht innerhalb von 5 Sekunden das unerwünschte Verhalten, dann wurde er für 5 Minuten ohne Kommentar aus dem Raum gebracht und musste während der Zeit in einem reizarmen Raum sitzen. Nach fünftägiger Behandlung war der Junge in der Lage, sein Verhalten so weit zu kontrollieren, dass er nur noch selten durch Auszeit bestraft wurde (S. 40–41).

Ein anderes – den meisten Eltern nur allzu vertrautes – Beispiel bezieht sich auf das Schreiverhalten von Kleinkindern, wenn sie zu Bett gelegt werden (vgl. Kap. 5.4.1). Häufig wird der Fehler gemacht, das schreiende Verhalten der Kinder durch besondere Zuwendung zu besänftigen. Tatsächlich wird aber so das Schreien nur verstärkt. Ein konsequentes Verhalten der Eltern, das Schreien zu ignorieren, ist in der Regel der einzig sinnvolle Weg, das Schreiverhalten zu löschen.

Es sei nochmals daran erinnert: Was als Belohnung oder Bestrafung wirkt, hängt von der Bewertung durch den Klienten ab.

> **Wir halten fest:**
> - Operante Interventionen eignen sich sehr, effektiv erwünschtes Verhalten aufzubauen und unerwünschtes Verhalten zu löschen.

6.3 Denken, Imagination und Verhalten

Im vorhergehenden Kapitel sowie beim ViS wurde sehr intensiv auf das Denken der Klienten eingegangen. Dieses Denken spielt sowohl bei der internen Verarbeitung (iV) als auch beim kognitiven Verhalten (Vk) eine wichtige Rolle. Denken und bildhafte Vorstellungen oder Phantasien sind eng miteinander verbunden. Bei den meisten Menschen gehen Gedanken mit entsprechenden Vorstellungen oder Phantasien einher.

Schon die Alltagssprache macht deutlich, in welch großem Ausmaß die Phantasie in der Bildsprache benutzt wird. Jeder weiß, was gemeint ist, wenn Verliebte sagen, „der Himmel hängt voller Geigen" oder dass sie alles „durch eine rosa Brille sehen". Natürlich tragen sie keine rosa Brille, und noch nie hat jemand einen Himmel voller Geigen gesehen. Dennoch weiß sofort jeder, was damit gemeint ist und dass mit dieser Bildsprache ein bestimmtes *Denken und*

Fühlen ausgedrückt werden soll. Dies gilt für positive Gedanken und Gefühle wie auch für negative, z. B. der „Schwarzseher" oder die Menschen, die alles „Grau in Grau sehen" oder „Trübsal blasen".

Bekannt ist auch die Formulierung in Streitgesprächen: „Das *sehe* ich anders." Damit ist der subjektiv bewertende Aspekt eines Sachverhaltes gemeint – und der ist nicht selten entscheidender als der objektive Sachverhalt. Der Philosoph Epiktet formulierte das bereits vor rund zweitausend Jahren mit dem Satz: „Nicht die Dinge beunruhigen die Menschen, sondern ihre Meinungen über die Dinge." (Epiktet, 1992, S. 12)

Die meisten von uns haben schon einmal die Situation erlebt, dass ein Bekannter plötzlich beleidigt war, ohne dass uns der Grund ersichtlich war. Der Verstimmung lag eine Fehlinterpretation einer Handlung oder Bemerkung von uns zugrunde. Wenn wir dann in einem klärenden Gespräch unsere Intention der Bemerkung oder Handlung – die überhaupt nicht gegen den Bekannten gerichtet war – deutlich machen konnten, war in der Regel die Verstimmung aus der Welt. In der Bildsprache sagt man dazu, jemand habe etwas „in den falschen Hals" bekommen.

Charakteristisch ist das Beispiel von Watzlawik (1983, Umschlag-Cover) mit seiner „Geschichte mit dem Hammer":

> Ein Mann will ein Bild aufhängen. Den Nagel hat er, nicht aber den Hammer. Der Nachbar hat einen. Also beschließt unser Mann, hinüberzugehen und ihn auszuborgen. Doch da kommt ihm ein Zweifel: Was, wenn der Nachbar mir den Hammer nicht leihen will? Gestern schon grüßte er mich nur so flüchtig. Vielleicht war er in Eile. Aber vielleicht war die Eile auch nur vorgeschützt, und er hat was gegen mich. Und was? Ich habe ihm nichts angetan; der bildet sich da etwas ein. Wenn jemand von mir ein Werkzeug borgen wollte, ich gäbe es ihm sofort. Und warum er nicht? Wie kann man einem Mitmenschen einen so einfachen Gefallen abschlagen? Leute wie dieser Kerl vergiften einem das Leben. Und dann bildet er sich noch ein, ich sei auf ihn angewiesen. Bloß weil er einen Hammer hat. Jetzt reicht's mir wirklich. – Und so stürmt er hinüber, läutet, der Nachbar öffnet, doch bevor er „Guten Tag" sagen kann, schreit ihn unser Mann an: „Behalten Sie sich Ihren Hammer, Sie Rüpel!"

Der Berater hat es im Beratungsprozess immer mit der subjektiven „Sichtweise" (oder Phantasie) der Klienten zu tun. Wichtig ist, diese Phantasien nicht abzutun, sondern als *handlungsleitend* für den Klienten anzusehen. Ein klassisches Beispiel sind die sogenannten *Katastrophenphantasien,* die Klienten häufig in Verbindung mit ihrem Problem haben. Greifen wir auf das oben genannte Beispiel zurück, in dem sich ein Arbeitsloser vor dem Bewerbungsgespräch fürchtet. Er malt sich *vor dem Termin* die Belastungen des Vorstellungsgesprächs viel schwieriger aus, als sie in Wirklichkeit sind. Damit verunsichert er sich aber noch zusätzlich und erhöht im Sinne einer sich selbst erfüllenden Prophezeiung die Wahrscheinlichkeit, dass das Gespräch tatsächlich schiefgeht.

Es führt also in der Beratungsarbeit in den meisten Fällen kein Weg daran vorbei, das Denken – und die damit verbundenen Phantasien – zu ändern. Es beginnt damit, dass der betreffende Klient erkennen muss, dass er ein Problem hat und er daran etwas ändern kann, wie in Kap. 5.5.3 erläutert.

Nun gibt es Bilder, die sich einem Menschen „aufdrängen", wie etwa die oben genannten Katastrophenphantasien. Sie erreichen uns, auch wenn wir sie wegschieben möchten. Für die-

6.3 Denken, Imagination und Verhalten

se unerwünschten bildhaften Eindrücke möchte ich den Begriff *Phantasie* reservieren. Daneben gibt es aber bildhafte Eindrücke, die wir bewusst herbeiführen, die also unserer Kontrolle unterliegen. Sie sind gemeint, wenn im Folgenden von *Vorstellungen* oder *Imaginationen* (die beiden Begriffe werden hier synonym gebraucht) gesprochen wird.

Wir haben nun die Möglichkeit, unerwünschte Gedanken und Phantasien durch erwünschte Gedanken und Vorstellungen zu ersetzen. Dies muss allerdings geübt werden.

Bezüglich der *Gedanken* gilt, Kognitionen, die den Klienten *ent*mutigen, durch solche zu ersetzen, die ihn *er*mutigen. Hier kommt die Bewertung eines Sachverhaltes deutlich zum Tragen. Vor einem halb geleerten Glas Wein kann man betrübt darüber sein, dass das Glas *schon halb leer* ist, oder man freut sich darüber, dass es *noch halb voll* ist. Wer z. B. vor einem Bewerbungsgespräch mit dem Gedanken herumläuft, „Das geht sowieso schief", muss seine Gedanken ändern, indem er sich beispielsweise bewusst sagt: „Ich weiß, ich habe eine Chance auf die Stelle, sonst wäre ich nicht zum Gespräch eingeladen worden – ich werde sie nutzen."

Der Berater muss sehr sorgfältig nach solchen negativen Gedanken fragen und sie auflisten lassen. Der Klient muss hierfür häufig zu Hause möglichst viele seiner negativen Gedanken aufschreiben. Anschließend leitet der Berater den Klienten an, alternative Formulierungen zu finden. Auch diese müssen aufgeschrieben werden – auch wenn das dem Klienten lästig ist (positive Gedanken werden im Gegensatz zu negativen zu schnell wieder vergessen). Der Klient muss dann üben, die positiven Gedanken sich regelmäßig selbst zu sagen – spätestens immer dann, wenn sich ein negativer Gedanke aufdrängt.

Wie schon gesagt, gehen Gedanken bei den meisten Menschen mit bildhaften Eindrücken einher. In dem Beispiel mit dem arbeitslosen Bewerber gehen seine negativen Gedanken wahrscheinlich mit der Phantasie seiner letzten, erfolglosen Bewerbungsgespräche einher. Hier setzen unsere gezielten *Vorstellungen* ein. So kann sich dieser Klient vorstellen, wie er auf welche Fragen reagiert, was er sagt, welche Nachfragen kommen könnten, wie er sich selbst beruhigt usw. Es handelt sich um ein *Probehandeln in der Vorstellung* (Lazarus, 1980). Das Gleiche praktizieren Spitzensportler, die sich z. B. vor einem Wettkampf jedes Detail mit einem positiven Ausgang vorstellen. Dort wird das Vorgehen „mentales Training" genannt und hat einen engen Bezug zur systematischen Desensibilisierung (vgl. Kap. 6.4).

Analoges wäre mit einem Rollenspiel ebenso effektiv möglich, setzt aber eine diesbezüglich erfahrene zweite Person voraus, während die Vorstellung oder Imagination nach einer Anleitung allein durchgeführt werden kann. Sowohl beim Rollenspiel als auch bei der Imagination ist ein regelmäßiges Üben wichtig. Ebenfalls wichtig ist, sich nicht nur einen möglichen Ablauf des Geschehens vorzustellen, sondern möglichst viele Varianten, sodass der Klient nicht auf eine Verhaltensweise fixiert ist und entsprechend hilflos reagiert, wenn der Ablauf dann anders ist.

> Dazu ein Beispiel von einer Klientin von mir. Die junge Frau hatte das Gefühl, von einem Freund abhängig zu sein. Er wollte sie zwar durchaus heiraten, missachtete aber weitgehend ihre Wünsche und Sichtweisen und hatte nebenher wechselnde Sexualpartnerinnen. Immer wenn es ihr zu viel wurde, trennte sie sich mit großer Mühe. Daraufhin kam der Freund bittend zu ihr, verhielt sich kleinlaut, gelobte Besserung und ging auf alle Wünsche der Frau ein. Sobald sie sich dann wieder mit ihrem Freund eingelassen hatte, verhielt er sich wieder genauso egoistisch wie vorher. Diese Verhaltenskette wiederholte sich immer wie-

der. Eigentlich war der Frau klar, dass die Beziehung zu dem Mann langfristig für sie nicht zufriedenstellend verlaufen würde, aber sie schaffte es nicht, die mehrfach ausgesprochene Trennung durchzuhalten. Sie lernte bei mir (während sie noch mit dem Mann zusammen war), sich viele der Situationen, in denen er nach einer Trennung wieder bittend zu ihr kam, vorzustellen und ihm in der Vorstellung den einen Satz zu sagen: „Ich will nicht mehr." Dies übte sie regelmäßig, bis es dann zu der nächsten Trennung kam. Natürlich machte der Mann auch diesmal den bisher erfolgreichen Versuch des „reuigen Sünders", aber ohne Erfolg. Die Klientin berichtete mir dann, dass sie, als der Mann wieder ankam, wie automatisiert den eingeübten Satz sagte. Sie formulierte es so: „Und da hörte ich mich sagen: Ich will nicht mehr." Diesmal hielt sie die Trennung durch.

Eine kleine Übung, die sich in der Praxis bewährt hat, möchte ich noch vorstellen. Es ist gewissermaßen eine *Spiegelübung*. Viele Menschen mit einer negativen Selbsteinschätzung tendieren dazu, wenn sie sich unbeobachtet fühlen und in einen Spiegel schauen, sich die Zunge herauszustrecken, eine abschätzige Grimasse zu ziehen oder sich sogar einen Vogel zu zeigen. Begleitet wird das häufig mit gedachten oder laut formulierten Sätzen, wie „Du Versager, Niete", und teilweise noch heftigeren negativen Verbalisationen. Hier ersetzt zwar der Spiegel die Phantasie, aber es entspricht ansonsten dem Umgang mit Phantasien. Solche Klienten leite ich an, wann immer sie einen Spiegel sehen, sich zuzulächeln (was vielen sehr schwerfällt) und sich bewusst etwas Positives zu sagen, wie z. B.: „Ich mag mich" (was den meisten noch schwerer fällt).

In der Praxis sind Anleitungen zu alternativen Gedanken sowie zum Einsatz von Imagination in einem Gesamtinterventionsplan eingebettet. Viele weitere Möglichkeiten finden sich in dem bereits angesprochenen Buch von Lazarus (1980), und für den Bereich der Arbeit mit Kindern halte ich die Vorgehensweise von Brett (1995a; 1995b) für sehr geeignet.

> **Wir halten fest:**
> - Gedanken und Vorstellungen steuern in hohem Maße unser Verhalten.
> - Über die Veränderung von Gedanken und Phantasien können deutliche Verhaltensänderungen erreicht oder zumindest erleichtert werden.

6.4 Desensibilisierungsverfahren

Die Desensibilisierung (unempfindlich machen) ist ein Verfahren, bei dem der Klient mit dem Ziel der Überwindung mit seinem problematischen Verhalten konfrontiert wird. Geschieht dies in geplanten, abgestuften kleinen Schritten, die aufeinander aufbauen, spricht man von einer systematischen Desensibilisierung. „Systematische Desensibilisierung bedeutet den schrittweisen Abbau neurotischer Angstreaktionen", schreibt Wolpe (1972, S. 103), der dieses Verfahren entwickelt hat.

Wolpe hatte also dieses Verfahren konkret als therapeutische Intervention konzipiert, was gelegentlich bei Vertretern der Sozialen Arbeit zu anfänglicher Ablehnung führt. Bei ideologiefreier Betrachtung wird hingegen schnell deutlich, dass diese Methode in vielen Feldern der Sozialen Arbeit eingesetzt wird – nur ohne dies als „systematische Desensibilisierung" zu bezeichnen. Dieses Vorgehen wird dann intuitiv eingesetzt, wobei sich allerdings leicht Fehler einschleichen können.

6.4 Desensibilisierungsverfahren

Wenn ein Sozialarbeiter in einer Drogenberatungsstelle einen Abhängigen allmählich mit immer schwierigeren Rückfallsituationen konfrontiert, ist das nichts anderes, als eine Form der Desensibilisierung. Das Gleiche gilt, wenn sich ein Klient mit fehlender Handlungskompetenz durch Ermutigung und abgestufte konkrete Anleitung eines Sozialarbeiters immer größeren Anforderungen stellt. Aber nur, wenn der Sozialpädagoge diese Intervention gelernt hat und beherrscht, führt er eine wissenschaftlich fundierte *systematische Desensibilisierung* durch – anderenfalls handelt es sich um eine *unsystematische Desensibilisierung*.

Um das Verfahren zu verstehen, beschäftigen wir uns zunächst mit dem Prinzip, wie es im therapeutischen Rahmen konzipiert war.

Stellen wir uns einen Studenten vor, der unter Prüfungsangst leidet und deswegen in einer Studentenberatung eine systematische Desensibilisierung wünscht. Der Berater wird mit ihm gemeinsam eine sogenannte Angsthierarchie oder Belastungshierarchie von 0 bis 100 erstellen. Diese Hierarchie sieht dann so aus, dass 0 keine Angst und 100 maximale Angst darstellt. Die Zwischenstufen sollen dann aufsteigend von 0 bis 100 in Zehnerschritten die subjektive Angst unseres Studenten wiedergeben. Diese Erstellung einer Angsthierarchie ist manchmal ein schwieriger Schritt, der nicht auf Anhieb gelingt. Abbildung 2 gibt eine solche mögliche Angsthierarchie für unser Beispiel wieder.

Bei der von Wolpe (1972) konzipierten Form der systematischen Desensibilisierung würde unser Student nun angeleitet, eine mit Angst unvereinbare (sog. *inkompatible*) Reaktion zu erlernen. Hierzu gehören beispielsweise Entspannungsverfahren wie die progressive Muskelentspannung (vgl. Kap. 6.5.1) oder das Autogene Training (vgl. 6.5.2). Der Student muss sich nun tief entspannen und wird dann aufgefordert, sich die Situation vorzustellen, die die geringste Prüfungsangst auslöst (Angstwert 10 nach Abb. 2). Tritt die Angst dann auf, wird der Student erneut aufgefordert sich zu entspannen. Da Angst und Entspannung unvereinbar sind (entweder er hat Angst *oder* er ist entspannt), verschwindet die Angst mit zunehmender Entspannung wieder. Ist der Student dann wieder entspannt, muss er sich erneut die Angst auslösende Prüfungssituation mit dem Wert 10 vorstellen. Dies wiederholt man so lange, bis die Vorstellung keine Angst mehr auslöst. Diesen Vorgang nennt man Habituation (das heißt, es tritt keine Angstreaktion mehr auf).

In dem Augenblick, in dem die Situation mit dem ursprünglichen Angstwert von 10 keine Angstreaktion mehr auslöst, ist dieser Wert von 10 auf 0 gesunken, und man geht davon aus, dass sich somit der Nullpunkt verschoben hat (vgl. Abb. 3). Das bedeutet, dass die Situation mit einem ursprünglichen Angstwert von 20 nun nur noch einen Wert von 10 hat. Beim Abbau dieser Angststufe hat der Student dann wiederum nur eine Angst mit einem subjektiven Angstwert von 10 zu bewältigen. Wenn so der Student nach und nach alle in der Angsthierarchie aufgelisteten Prüfungssituationen angeht, hat er immer nur mit einem vergleichsweise kleinen Schritt die jeweilige Angst zu überwinden. Dieses Prinzip der kleinen Schritte ist das Charakteristikum der systematischen Desensibilisierung.

Im oben genannten Beispiel wurde die systematische Desensibilisierung in der Vorstellung, also *imaginativ* oder *in sensu* (vgl. Kap. 6.3) durchgeführt, mit dem faszinierenden Ergebnis, dass sich dieser Angstabbau auf die realen Situationen überträgt.

Abbildung 2: *Darstellung einer Angsthierarchie 1*

Angstpunkte	Situation
100	Eine Frage nicht beantworten können
90	Den Prüfungsraum betreten
80	Die vorherigen Prüflinge kommen aus dem Prüfungsraum
70	Fünf Minuten vor der Prüfung
60	Auf dem Weg zur Prüfung
50	Morgens aufwachen und an die Prüfung denken
40	Ein Tag vor der Prüfung und an die Prüfung denken
30	Drei Tage vor der Prüfung und an die Prüfung denken
20	Eine Woche vor der Prüfung und an die Prüfung denken
10	Einen Monat vor der Prüfung und an die Prüfung denken
0	Drei Monate vor der Prüfung und an die Prüfung denken

Erläuterungen im Text

Abbildung 3: *Systematische Reduzierung der Angsthierarchie*

Angstpunkte, Belastungswert	Situation
90	Eine Frage nicht beantworten können
80	Den Prüfungsraum betreten
70	Die vorherigen Prüflinge kommen aus dem Prüfungsraum
60	Fünf Minuten vor der Prüfung
50	Auf dem Weg zur Prüfung
40	Morgens aufwachen und an die Prüfung denken
30	Ein Tag vor der Prüfung und an die Prüfung denken
20	Drei Tage vor der Prüfung und an die Prüfung denken
10	Eine Woche vor der Prüfung und an die Prüfung denken
0	Einen Monat vor der Prüfung und an die Prüfung denken
0	Drei Monate vor der Prüfung und an die Prüfung denken

Erläuterungen im Text

6.4 Desensibilisierungsverfahren

Im Rahmen der Sozialen Arbeit könnte ein Berater auf diesem Weg beispielsweise einen Langzeitarbeitslosen auf ein Bewerbungsgespräch vorbereiten.

Es finden in der Sozialen Arbeit viele Desensibilisierungen in der Realität statt, sogenannte *In-vivo*-Desensibilisierungen. Eine solche liegt beispielsweise vor, wenn in einem Übergangswohnheim für chronifizierte psychisch Kranke ein Bewohner die Selbstversorgung bezüglich Ernährung lernen soll.

Ein erster Schritt könnte sein, mit großer Hilfestellung in einem Supermarkt einkaufen zu gehen, um die Zutaten für ein Essen zu besorgen. Ein zweiter Schritt könnte darin bestehen, einen Teil der benötigten Dinge in einem Supermarkt allein zu besorgen. Wiederum ein weiterer Schritt könnte darin bestehen, einen Einkauf mit der kompletten Einkaufsliste allein zu bewerkstelligen. Abbildung 4 gibt eine solche mögliche Hierarchie von zu bewältigenden Belastungssituationen wieder. Es sei noch einmal darauf hingewiesen, dass diese Hierarchie mit dem Klienten gemeinsam erarbeitet werden muss. *Seine* Einschätzung der Belastung der einzelnen Situationen bestimmt die Hierarchie der zu bewältigenden Aufgaben. Natürlich wären bei dem dargestellten Beispiel noch viele Zwischenschritte denkbar und in der Praxis auch nötig, um den Klienten nicht zu überfordern. Aber charakteristisch für die systematische Desensibilisierung sind die klare Zielplanung mit dem Klienten sowie das nachfolgende systematische Bewältigen der Situationen.

Spätestens bei diesem Beispiel wird deutlich, wie häufig die Desensibilisierung in der Sozialen Arbeit als Verhaltensmodifikation eingesetzt wird – in den meisten Fällen, ohne dass sich die Anwender des Verfahrens darüber im Klaren sind, ein ursprünglich klinisches Verfahren einzusetzen.

Im Zusammenhang mit der zunehmenden Gewaltbereitschaft in unserer Gesellschaft scheint mir die Berücksichtigung einer unbeabsichtigten Form der Desensibilisierung nötig. Häufig wird bei gewaltverherrlichenden Filmen oder PC-Spielen auf die Nachahmungsgefahr im Sinne des Imitationslernens (vgl. Kap. 5.4.2) verwiesen. Man kann mit großer Wahrscheinlichkeit davon ausgehen, dass Imitation hier eine – wenngleich schwer zu quantifizierende – Rolle spielt. Ich halte allerdings einen Faktor für mindestens ebenso bedeutsam, nämlich das, was ich unbeabsichtigte oder *heimliche Desensibilisierung* nenne.

Damit meine ich Folgendes: Wenn ich bequem und entspannt (!) in meinem Sessel zu Hause mir einen Film mit Gewaltszenen – die mich anfangs aufregen – immer wieder anschaue, werden sie mich mit zunehmender „Konsumfrequenz" immer weniger berühren. Es tritt die bereits oben beschriebene Habituation ein (der Volksmund spricht von einem Abstumpfungseffekt). Gewaltdarstellungen werden also durch ihren häufigen Konsum immer weniger als belastend und ungewöhnlich erlebt und vorhandene Hemmschwellen sukzessiv abgebaut. Gelegentlich wird in der Presse darüber berichtet, dass Jugendliche das Ansehen von Gewalt- und Horrorfilmen sogar zu einer Art „Mutprobe" erheben. Wenn somit die Hemmschwelle, Gewalt ohne emotionale Reaktion (= Habituation) anzuschauen, sinkt, sinkt letztendlich auch die Hemmschwelle gegenüber Gewalt in der Realität. Diesen „Transfer" hatten wir ja schon bei der oben genannten Desensibilisierung in sensu kennengelernt! So kritisiert der Psychiater Spitzer (2012) zu recht, dass das Killerspiel „Crysis 2" den deutschen Computerspielpreis 2012 gewonnen hat.

Abbildung 4: *Darstellung einer Belastungshierarchie in der Sozialen Arbeit*

Belastungswert	Situation
100	Allein ein normales Mittagessen zubereiten
90	Mit Hilfestellung ein normales Mittagessen zubereiten
80	Allein ein einfaches Essen zubereiten
70	Mit Hilfestellung ein einfaches Essen zubereiten
60	Mit Unterstützung in einer Metzgerei ein bestimmtes Fleisch einkaufen
50	Allein im Supermarkt nach einem umfangreichen Einkaufszettel einkaufen
40	Allein im Supermarkt zwei Dinge zum Essen einkaufen
30	Mit Unterstützung im Supermarkt Essen einkaufen
20	Allein einen Einkaufszettel für die Besorgung der Zutaten für ein Mittagessen erstellen
10	Mit Unterstützung einen Einkaufszettel für die Besorgung der Zutaten für ein Mittagessen erstellen
0	Sich im Wohnheim verpflegen lassen

Erläuterungen im Text

Auch hier besteht, wie bei der Diskussion des Einflusses der Imitation auf die Gewaltausübung, das Problem, dieses Ausmaß an heimlicher Desensibilisierung zu quantifizieren. Sie ist aber meines Erachtens so groß, dass ich ein eindeutiger Befürworter des Verbotes von Gewalt verherrlichenden Darstellungen bin – sei es im Film oder als PC-Spiel.

Die systematische Desensibilisierung ist *eine* Form der *Reizkonfrontation*. Eine andere Form der Reizkonfrontation – mit dem gleichen Ziel, nämlich einem Angstabbau – ist die massive Konfrontation gleich mit dem höchsten, Angst auslösenden Reiz. Dieses Vorgehen wird als *Reizüberflutung (flooding)* bezeichnet. Dies kann ebenfalls in der Vorstellung (in sensu) oder real (in vivo) erfolgen. Jemanden, der unter Höhenangst leidet, könnte man z. B. auf den höchsten Turm der Stadt bringen (= massiv mit seiner Höhenangst konfrontieren). Dort muss er dann so lange bleiben, bis die Angst weitgehend verschwunden ist. Dieser Vorgang wird als Habituation bezeichnet – die aber durchaus mal ein paar Stunden dauern kann.

In der akademischen Psychotherapieforschung wird die massive Reizüberflutung gegenüber der systematischen Desensibilisierung favorisiert – eine Wertung, die ich nicht teile. Die systematische Desensibilisierung hat sich als äußerst effektiv erwiesen und geht auch behutsamer mit dem Klienten um. Die Behauptung von Hand (1994), die Desensibilisierung sei ein „Meidungs-Management", verkennt das elementare Gesetz von Angstreaktionen: Vermeidung führt zur Angsterhöhung und nicht zu dem empirisch belegten Angstabbau! Die massive Reizkonfrontation (flooding) ist der abgestuften Reizkonfrontation (systematische Desensibilisierung) nicht überlegen, und in der Sozialen Arbeit – denke ich – dürfte die systematische Desensibilisierung als Methode immer die erste Wahl sein.

> **Wir halten fest:**
> - Die systematische Desensibilisierung spielt außerhalb des ursprünglichen klinischen Rahmens in der Sozialen Arbeit eine wichtige Rolle.
> - Viele Vertreter der Sozialen Arbeit setzen diese Methode ein, ohne zu wissen, dass es sich um eine Desensibilisierung handelt.
> - Bei der zunehmenden Gewaltdiskussion sollte die heimliche Desensibilisierung durch Gewaltdarstellung in den verschiedenen Medien unterbunden werden.

6.5 Gruppenverfahren

Bei den Gruppenverfahren gibt es eine Vielzahl von unterschiedlichen Einteilungskriterien. Eine grundsätzliche Unterscheidung bezieht sich auf das Ziel der Intervention. Wenn mit dem Verfahren ein ganz spezifisches Problem angegangen werden soll, sprechen wir von einem *symptomatischen Verfahren*. Wenn hingegen die generelle Fähigkeit eines Klienten gestärkt werden soll, verschiedene Problembereiche besser meistern zu können, handelt es sich um ein *asymptomatisches Verfahren*.

Ein Selbstbehauptungstraining wäre z. B. ein symptomatisches Verfahren. Es zielt auf die Verbesserung der unzureichenden Fähigkeit des Klienten ab, seine Interessen zu vertreten. Ein Entspannungstraining ist hingegen eine typische asymptomatische Intervention. Übersicht 12 gibt einige Beispiele für symptomatische und asymptomatische Verfahren wieder.

Übersicht 12: *Beispiele symptomatischer und asymptomatischer Gruppenverfahren*

asymptomatische Interventionen	symptomatische Interventionen
Entspannungsverfahren	Selbstbehauptungstraining
Laufen und Joggen	Token-Programme
Genusstraining	Hirnleistungstraining
Kreative Verfahren, z. B. Malen	Integrierte Trainingsprogramme für Schizophrene
Erlebnispädagogik	

Nach Grawe (1980) lassen sich folgende Gruppenverfahren unterscheiden:

- **Therapiegruppen**
  Sie haben therapeutische Ziele und werden von Fachleuten angeleitet, z. B. integrierte Trainingsprogramme für Schizophrene.

- **Selbsterfahrungsgruppen**
  Ihnen geht es um eine persönliche „Reifung", z. B. bei sogenannten Encountergruppen.

- **Selbsthilfegruppen**
  Es handelt sich um Laiengruppen ohne fachliche Anleitung, wie z. B. die Anonymen Alkoholiker.

- **Bewusstseinserweiternde Gruppen**
  Diese Gruppen zeichnen sich durch bestimmte demografische Merkmale aus wie Geschlecht, Alter, Sexualverhalten, z. B. Homosexuellengruppen.

Wir werden uns im Folgenden mit vier asymptomatischen Gruppenverfahren beschäftigen, da diese Interventionen eine gewisse „Breitbandwirkung" haben und fast universell eingesetzt werden können. Es handelt sich um die Progressive Muskelentspannung, das Autogene Training, das Laufen und Joggen sowie das Genusstraining.

> **Wir halten fest:**
> - Gruppenverfahren, die helfen sollen, ein ganz spezifisches Problem zu bewältigen, sind *symptomatische Verfahren*.
> - Gruppenverfahren, die helfen sollen, dass ein Klient verschiedene Problembereiche besser bewältigen kann, sind *asymptomatische Verfahren*.

6.5.1 Progressive Muskelentspannung

Bei den meisten Klienten gehen Probleme mit einer zunehmenden körperlich-seelischen Anspannung einher. Diese Klienten wieder auf ein normales generelles Erregungsniveau „herunterzuholen", ist ein wichtiges Ziel der meisten Entspannungstechniken, gilt also auch für das im nächsten Kapitel vorgestellte Autogene Training. Abbildung 5 zeigt das sogenannte Stressmodell der Angst. Ist das allgemeine Erregungsniveau niedrig, können Alltagsstressoren den Klienten in der Regel nicht aus der Fassung bringen. Treffen die Alltagsstressoren jedoch auf ein erhöhtes allgemeines Erregungsniveau, überschreiten sie die Schwelle, die beispielsweise zu einem Angstanfall führen kann. Wenn es mit einem Entspannungstraining gelingt, ein zu hohes Erregungsniveau abzusenken, erleben dies die Klienten in aller Regel als direkte Entlastung. Vor allem bekommen sie wieder das Gefühl, in ihrer Problemlage aktiv etwas an ihrer Befindlichkeit ändern zu können. Gestärkt wird also ihr Gefühl für Handlungskompetenz.

6.5 Gruppenverfahren

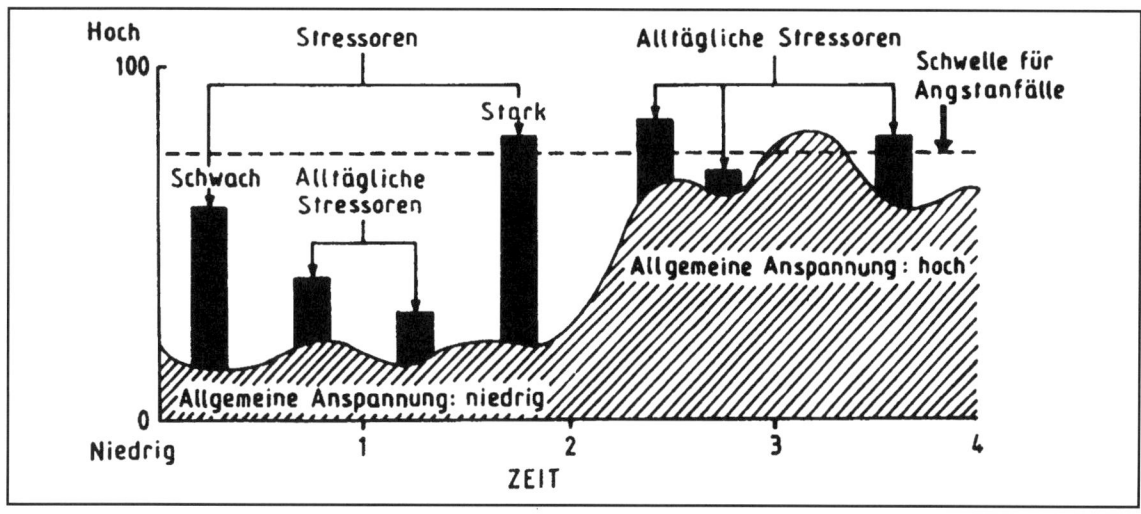

Abbildung 5: *Stressmodell der Angst*

Fallon et al. (1984, zit. nach Margraf & Schneider, 1990, S. 211)

Die Progressive Muskelentspannung (im Folgenden PME) als Entspannungsverfahren geht zurück auf Jacobson (1934/2002). Sein Ziel war, durch rein muskuläre An- und Entspannung eine Entspannung des Körpers herbeizuführen. Dabei grenzt er sich scharf vom umgangssprachlichen Entspannungsbegriff ab, wenn er sagt:

> Viele Menschen meinen, sie seien „entspannt", wenn sie Musik hören, fernsehen, lesen oder Golf spielen. Solche Beschäftigungen gehören jedoch in die Kategorie Unterhaltung oder Sport. Es sind Formen der Freizeitgestaltung, die mit Muskelentspannung im wissenschaftlichen Sinne nichts zu tun haben. Wenn Wissenschaftler von Entspannung sprechen, meinen sie das Aussetzen von Muskelkontraktionen, und in diesem Sinne wird das Wort Entspannung ... verwendet (Jacobson, 1934/2002, S. 32).

Die PME bewirkt durch eine Anspannung der Muskeln, dass sich diese Muskeln *nach* dem Anspannungsvorgang tiefer entspannen als vorher. Jacobson machte sich die Überreaktion des Organismus nach einer Anspannung zunutze. Wer einen vollen Kasten Bier vier Stockwerke eines Hauses hinaufgetragen hat und dann den Kasten absetzt, erlebt dieses Phänomen. Die Arme kommen einem dann furchtbar schwer vor, weil sich nach dieser muskulären Anstrengung der normale Muskeltonus (die Muskelspannung, die auch bei nicht aktivem Muskel besteht) absenkt und daher das Schweregefühl entsteht.

Bei der PME wird so *Muskelgruppe für Muskelgruppe* (daher progressiv) angespannt und entspannt und schließlich eine tiefe physiologische Entspannung des gesamten Körpers erreicht. Diese Körperentspannung geht mit einer psychischen Entspannung einher. Hierin liegt der wichtige Aspekt der PME für die Klienten.

Ohm (1992) gibt in seinem kurzen Leitfaden für die Durchführung der konkreten Übungen folgende Hinweise (S. 22):

> Die Entspannungsübungen können ... am besten in einem ruhigen Raum entweder im Liegen oder in der ... Sitzhaltung durchgeführt werden. Spannen und entspannen Sie die verschiedenen Muskelgruppen folgendermaßen:
> - Muskeln für etwa 5 Sekunden anspannen
> - den Atem dabei möglichst nicht anhalten
> - die Spannung soll deutlich spürbar sein, ohne in Verkrampfung überzugehen
> - nach 5 bis 8 Sekunden lösen Sie die Spannung vollständig
> - machen Sie eine Ruhepause von ca. einer halben Minute
> - konzentrieren Sie sich dabei auf die Empfindungen in dem betreffenden Muskel
> - achten Sie besonders auf die Empfindungen, die auf die vollständige Lockerung der Anspannung folgen.

Eine Entspannungsinstruktion in einer längeren und einer kürzeren Form geben Echelmeyer und Zimmer (1977) wieder. Ich selbst praktiziere in meinen Übungsgruppen anfangs mit einer längeren, mit fortgeschrittenem Training einer kürzeren Instruktion. Eine mittellange Instruktion ist im Anhang 5 wiedergegeben.

Es handelt sich dabei um eine mögliche Entspannungsinstruktion, von denen es unter den Praktikern unzählige Varianten und Veränderungen gibt. In diese Instruktion ist noch die Formulierung eines Ruhebildes oder Entspannungswortes eingearbeitet. Der Sinn solcher Bilder oder Begriffe besteht darin, den Klienten zu befähigen, sich in einer belastenden Situation (z. B. einem Bewerbungsgespräch oder einer Prüfung) mit diesem Bild oder Wort beruhigen zu können. Bernstein und Borkovec (2002) sprechen hier von einer *konditionierten Entspannung*. Das heißt, der Klient konditioniert sich, auf das Bild oder Wort hin zu entspannen, was allerdings voraussetzt, dass die Entspannung mit dem Ruhebild oder Entspannungswort ausreichend geübt worden ist.

Wenn von der PME die Rede ist, behaupten viele Theoretiker und Praktiker, sie betrieben Progressive Muskelentspannung *nach Jacobson*. Tatsächlich kenne ich keinen Kollegen, der PME wirklich nach Jacobson betreibt. Zum Beleg ein paar Zitate aus Jacobsons (1934/2002) Buch. So führt er auf S. 145 aus: „Der Patient *übt jeden Tag ein bis zwei Stunden* [Hervorhebung des Verfassers]. Üben ist – wie beim Erlernen des Autofahrens, des Tanzens oder einer Fremdsprache – unerlässlich."

Und zur ersten Übungsstunde gibt er u. a. an:

> Liegen Sie in der beschriebenen Position drei oder vier Minuten ganz ruhig, und schließen Sie dabei allmählich die Augen (dadurch wird ein langsameres „Abschalten" möglich ... Nach dieser kurzen einleitenden Ruhephase biegen Sie Ihre linke Hand im Handgelenk nach hinten ... Achten Sie, während Sie die linke Hand bei geschlossenen Augen weiterhin gebeugt halten, auf eine undeutliche Empfindung im oberen Teil des linken Unterarms. Um sich mit dieser Empfindung vertraut zu machen, halten Sie die Beugung *mehrere Minuten* [Hervorhebung des Verfassers] lang aufrecht (S. 146).

In Jacobsons Plan sieht die erste Übungswoche so aus, dass mit dem rechten Arm „etwa sechs Tage lang [!] mindestens eine Stunde pro Tag" geübt werden soll. Kein Praktiker, den ich kenne, geht heute noch so vor. Jacobson differenziert seine Entspannung in eine *allgemeine Entspannung* und eine *gezielte Entspannung*. Die allgemeine Entspannung wird im Liegen durchgeführt und umfasst den gesamten Körper. Die gezielte Entspannung hingegen wird durchgeführt, ohne dass der gesamte Körper entspannt ist, z. B. im Sitzen, was von Bernstein und Borcovec (1990) als *differenzielle Entspannung* bezeichnet wird. Zählt man nun den Zeitaufwand nach

Jacobsons Plan für die allgemeine Entspannung (= 60 Tage) und gezielte Entspannung (= 69 Tage) zusammen, kommt man auf einen Gesamtübungszeitraum von 129 Tagen, also mehr als 18 Wochen oder 4,5 Monaten!

Niemand hat in der Praxis so viel Zeit für ein Entspannungstraining. Auf diesen Sachverhalt hatte bereits Wolpe (1972) hingewiesen. Wolpe hat die Jacobson-Entspannung als inkompatible Reaktion gegenüber Angst in seiner systematischen Desensibilisierung (vgl. Kap. 6.4) entdeckt, und ohne ihn wäre die PME in der Verhaltenstherapie wohl kaum so verbreitet worden. Wolpe hat das ursprüngliche Vorgehen nach Jacobson selbst schon massiv verkürzt, und er schreibt: „… das Training wird im Laufe von etwa sechs Interviews durchgeführt, *in deutlichem Gegensatz zu Jacobsons Praxis* [Hervorhebung des Verfassers]. Etwa 20 Minuten jedes dieser Interviews werden dem Training gewidmet, und der Patient soll zu Hause täglich zweimal 15 Minuten üben" (1972, S. 110–111).

Heute sind die meisten Praktiker der PME froh, wenn Klienten einmal am Tag üben. In jedem Fall haben aber die heutigen Vorgehensweisen der PME zwar im Jacobson-Training ihren Ursprung, aber – wie vielfach üblich – bei den von Wolpe ausgehenden gravierenden Modifikationen noch von einer Muskelentspannung nach Jacobson zu sprechen, ist eine Irreführung. Wie wenig vergleichbar die unterschiedlichen Vorgehensweisen bei der PME sind, zeigt eine Studie von Hillenberg und Collins (1982). Die Autoren weisen in einer Literaturrecherche nach, dass höchst unterschiedliche Praktiken mit dem gleichen Etikett „Muskelentspannung nach Jacobson" versehen waren, ohne dass eine davon dem ursprünglichen Jacobsonschen Konzept entsprach.

> **Wir halten fest:**
> - PME ist ein effektives Training zur inneren und äußeren Entspannung und zur Absenkung des allgemeinen Erregungsniveaus.
> - PME geht zwar auf Jacobson zurück, kann aber mit seinem Vorgehen nicht gleichgesetzt werden.

6.5.2 Das Autogene Training

Das zweite, in unserem Kulturkreis weit verbreitete Entspannungsverfahren ist das vor über 80 Jahren von Schultz (1932/2003) entwickelte Autogene Training (im Folgenden AT). Es handelt sich hierbei um ein aus der Hypnose entwickeltes Verfahren zur Entspannung und eine darüber hinausgehende psychophysische Beeinflussung. Durch autosuggestive Formeln werden Zustände erreicht, die sonst in der Regel nur mit fremdsuggestiven Verfahren wie der Hypnose erreichbar sind.

Das AT bewirkt über den Weg der Vorstellung gezielte, physiologische Veränderungen, die mit tiefer Entspannung einhergehen. So wie man bei der Vorstellung eines appetitlichen Essens unwillkürlich speichelt, bewirkt die Vorstellung bestimmter Empfindungen beim AT spezifische körperliche Veränderungen. Dabei werden solche Empfindungen auf dem

Vorstellungsweg angesprochen, die normalerweise *Folgen* entsprechender körperlicher Veränderungen sind (zum Beispiel die Vorstellung einer warmen Hand mit der Folge einer verbesserten Durchblutung und damit tatsächlichen Erwärmung der Hand). Assagioli (1987) formulierte dies mit folgenden Worten als psychisches Gesetz:

> „Vorstellungen oder mentale Bilder und Ideen haben die Tendenz, die körperlichen Bedingungen und die äußeren Handlungen zu erzeugen, die diesen entsprechen" (S. 53).

In der sogenannten Grundstufe des AT (die im Wesentlichen das AT ausmacht) werden sechs Übungen trainiert, mit denen entsprechende „Formeln" (Vorstellungen) kombiniert sind (siehe Übersicht 13). Zuvor und – je nach Bedarf – zwischen jeder Vorstellung wird zusätzlich die sogenannte „Ruhetönung" eingeschoben. Durch sie sollen das Abschalten von störenden Außenreizen sowie die Lenkung der Wahrnehmung auf den eigenen Körper erreicht werden. Die dazugehörige Formel lautet: „Ich bin ganz ruhig."

Schultz hat eine bestimmte Form entwickelt, wie das AT erlernt werden soll, und hat Veränderungen daran immer abgelehnt. Da es beim AT zu keinen so weit verbreiteten Modifikationen wie etwa bei der PME kam, etablierte sich das Vorurteil, AT zu erlernen, dauere länger als die PME. Vergleicht man jedoch bei *beiden Verfahren die klassischen Instruktionen*, benötigt das Jacobson-Training über vier Monate, das Schulzsche AT aber nur drei Monate.

Vor geraumer Zeit habe ich (Bartmann, 1986) eine Modifikation des AT veröffentlicht. Die Resonanz zeigte neben großer Akzeptanz meiner Veränderungen, dass zudem viele Kollegen ebenfalls mit Modifikationen des AT arbeiten, dies aber nicht publik gemacht haben. Meine

Übersicht 13: *Übungen und Effekte des AT in der ursprünglichen Reihenfolge der Übungen*

Übungsname:	Formel:	Effekt:
• Schwereübung	Arm(e und Beine) ganz schwer	Entspannung der Willkürmuskulatur
• Wärmeübung	Arm(e und Beine) ganz warm	Erweiterung der Blutgefäße
• Herzübung	Herz schlägt ruhig und kräftig (regelmäßig)	passives Erleben (& ausgeglichener) Herzrhythmus
• Atemübung	Atmung tief und ruhig	passives Erleben (& ausgeglichener) Atemrhythmus
• Leibübung	Sonnengeflecht strömt warm	Regulation und Entspannung der Bauchorgane
• Stirnkühlung	Stirn angenehm kühl	Ausgrenzung des Kopfes von übrigen Empfindungen (fragliche Verengung der Blutgefäße der Stirn)

6.5 Gruppenverfahren

Anregungen basieren auf einer jahrzehntelangen Praxis mit dem Bemühen, dem Lernenden den Einstieg in das AT zu erleichtern. Mit dieser Modifikation ist das AT genauso schnell zu erlernen, wie die heutzutage eingesetzte PME.

Meine Modifikationen beziehen sich auf:
- eine Vorübung, die der progressiven Muskelentspannung (PME) entlehnt ist,
- eine vorübergehende fremdsuggestive Hilfestellung (Vorsprechen der Übungen),
- ein „geschlossenes" Üben der gesamten Grundstufe und
- eine veränderte Reihenfolge der Übungen.

Ich verwende zu Beginn des AT ein bis zwei Anspannungsübungen, die der PME entlehnt sind. Dadurch erreiche ich eine schnellere muskuläre Entspannung und das damit sich einstellende Schweregefühl. Die Übungen beziehen sich auf folgende Muskeln:
- Hände und Arme anspannen. („Ballen Sie die Hände zur Faust und winkeln Sie die Arme an.")
- Hände und Arme und Beine anspannen. („Ballen Sie die Hände zur Faust und winkeln Sie die Arme an, heben Sie die Beine und winkeln Sie sie an, heben Sie den Oberkörper etwas an.")

Diese Übungen reduziere ich nach dem ersten Übungstermin auf eine Anspannungsübung, bei der dritten Übung lasse ich sie in der Regel schon weg. Natürlich gelten für diese Anspannungsübungen die gleichen Hinweise, die auch sonst bei der PME wichtig sind. Die Muskeln sind zwar fest anzuspannen, aber nicht zu verkrampfen.

Sehr viele Anfänger erreichen so schon bei der ersten Übungssitzung durch die Anspannungsübungen Schwere- und Wärmeempfindungen in Armen und Beinen sowie das Gefühl eines ruhigeren Atems. Diese Effekte sind zwar durch die Anspannungsübungen provoziert, werden aber in der Sitzung dem AT zugeschrieben, und diese Effektattribuierung wird von mir gefördert.

Im Gegensatz zum klassischen Verfahren belasse ich es nicht bei der Instruktion der AT-Formulierungen, sondern während der Übungssitzungen spreche ich die Formeln vor. Dies gilt auch für die oben beschriebenen Anspannungsübungen. Es handelt sich somit zwar ansatzweise um ein fremdsuggestives Vorgehen, jedoch nur als Übergangshilfe für das spätere „autogene" Üben. Solch ein Vorsprechen praktizieren sehr viele Kollegen.

Schon bei der ersten Übung wird von mir *nach* dem Ansprechen *aller* Übungsformeln eine „Pause" eingelegt. Das heißt, ich teile während der Übung den Teilnehmern mit, dass ich nun eine Sprechpause einlege und jeder Übende für sich gedanklich die einzelnen Stufen noch einmal durchgehen soll. Diese Pause dauert anfangs zwei Minuten und wird dann mit zunehmendem Übungserfolg weiter verlängert. Auf diesem Weg wird der Anfänger gleich bei der ersten Übung zur Eigensuggestion angeleitet bzw. „gezwungen". Je nach Übungsfortschritt der Klienten gebe ich später nur noch Hinweise zu den Übungen, indem ich die Bezeichnungen der Übungen nenne, also: *Ruhe, Schwere, Atem, Herz, Sonnengeflecht, Stirn*.

Die Zurücknahme der Übungen erfolgt – solange ich die Übungen noch vorspreche – ähnlich wie bei Thomas (1981) bei den Übungen der Oberstufe. Meine Formulierung lautet: „Gleich werde ich von sechs bis eins zählen und die Übungen zurücknehmen:

- Sechs – die Stirn ist nicht mehr kühl, sondern fühlt sich an wie sonst auch,
- fünf – das Sonnengeflecht strömt nicht mehr warm,
- vier – Herz- und Atemrhythmus sind normal, wie sonst auch,
- drei – Arme und Beine sind nicht mehr warm,
- zwei – Arme und Beine sind nicht mehr schwer, Sie spüren die Spannkraft des Körpers wieder, bewegen Hände und Füße ein wenig, das Denken wird wieder klar und bewusst,
- eins – Sie setzen sich aufrecht hin, winkeln Arme und Beine kurz und kräftig an, öffnen die Augen und fühlen sich wie nach einem erholsamen Schlummer."

Ich praktiziere – als weitere Abweichung vom klassischen Vorgehen – das „geschlossene" Üben der gesamten Grundstufe. Das heißt, ich spreche schon beim ersten Übungstermin alle sechs Übungen an. Schultz bestand darauf, die nächste Übung (nach der Reihenfolge von Übersicht 13) erst dann zu beginnen, wenn der gewünschte Effekt bei der vorhergehenden erreicht wurde. Die Praxis zeigt aber, dass es eine große Anzahl an Teilnehmern gibt, die vor der Schwere Wärme fühlen oder überhaupt Probleme mit der Schwereempfindung haben. Zwar belasse ich auch die Schwereübung als erste Übung, mache ihr Beherrschen im Gegensatz zu Schultz aber nicht zur Vorbedingung für die folgenden Übungen. Dabei spreche ich anfangs den rechten und linken Arm sowie das rechte und linke Bein einzeln an. Mit zunehmenden Übungsfortschritten werden dann Arme und Beine gemeinsam angesprochen.

Die Atemübung habe ich von dem regulären vierten auf den dritten Übungsplatz gezogen, die Herzübung hingegen vom dritten auf den vierten Platz verwiesen, da der Atemrhythmus die Herztätigkeit beeinflusst. Hinzu kommt, dass Lernende das Wahrnehmen des Pulses in der Regel als schwieriger einstufen als die Atemübung.

Die Reihenfolge spielt aber ohnehin keine große Rolle, da alle Übungen von der ersten Sitzung an komplett angesprochen werden. Zwischen jeder Übung erfolgt eine Ruheinstruktion, und bevor dann die nächste Übung angesprochen wird, werden anfangs die vorhergehenden Übungen wiederholt. Mit zunehmendem Übungsfortschritt, circa ab viertem bis fünftem Termin, entfallen diese Wiederholungen und später auch die Ruhetönungen zwischendurch (siehe Übersicht 14).

Entsprechend verändern sich natürlich die zeitlichen Dimensionen der Übungsstunden. Die ersten Übungen dauern (unter fremdsuggestiver Hilfestellung und mit den Anspannungsübungen) circa fünfundzwanzig bis dreißig Minuten, die späteren nur noch etwa fünf bis zehn Minuten. Eine komplette Instruktion zum AT für eine etwas fortgeschrittene Sitzung ohne Anspannungsübung ist im Anhang 6 wiedergegeben.

Hinsichtlich der reinen Entspannungsfähigkeit halte ich PME und AT für ebenbürtig. Allerdings bietet das AT weitergehende Möglichkeiten der positiven Selbstbeeinflussung durch die sogenannte autosuggestive formelhafte Vorsatzbildung. Dabei schließt der Übende an die oben dargestellten sechs Übungen eine „Zusatzformel" an, die sich direkt auf sein aktuelles Problem bezieht. Diese Zusatzformel darf aber nicht einfach von dem Berater übernommen werden, sondern muss gemeinsam erarbeitet werden. Der Klient muss innerlich mit der autosuggestiven „Formel" übereinstimmen. Die bekannte Formel, „Zigarette weit weg", hilft dem Raucher überhaupt nicht, wenn er zugleich innerlich denkt: „Ich hätte jetzt gern eine Zigaret-

Übersicht 14: *Veränderung der Übungsfolge nach Übungsfortschritt*

Erste Übungen	Spätere Übungen	Endform
Ruhe	*Ruhe*	*Ruhe*
Schwere	Schwere	Schwere
Ruhe	*Ruhe*	Wärme
Schwere	Wärme	Atem
Wärme	*Ruhe*	Herz
Ruhe	Atem	Leib
Schwere	*Ruhe*	Stirn
Wärme	Herz	*Ruhe*
Atem	*Ruhe*	
Ruhe	Leib	
Schwere	*Ruhe*	
Wärme	Stirn	
Atem	*Ruhe*	
Herz		
Ruhe		
Schwere		
Wärme		
Atem		
Herz		
Leib		
Ruhe		
Schwere		
Wärme		
Atem		
Herz		
Leib		
Stirn		
Ruhe		

te." In dem Fall bestehen zwei Suggestionen, nämlich eine bewusste („Zigarette weit weg") und eine eher unbewusste Suggestion („Ich hätte jetzt gern eine Zigarette!"). Da die Letztere dabei häufig stärker der inneren Einstellung des Rauchers entspricht als die bewusste Suggestion, wird so das Rauchverlangen eher größer. Näheres hierzu findet sich bei Thomas (1981).

Wir halten fest:
- Das AT ist wie die PME ein effektives Training zur inneren und äußeren Entspannung und zur Absenkung des allgemeinen Erregungsniveaus.
- Das AT ist in einer modifizierten Form genauso schnell erlernbar wie die PME.
- Im Rahmen der formelhaften Vorsatzbildung bietet das AT weitergehende Möglichkeiten der Selbstbeeinflussung als die PME.

6.5.3 Laufen und Joggen

Als weiteres Gruppenverfahren soll das langsame Laufen, auch als Joggen bezeichnet, vorgestellt werden. Sport als Intervention findet sich in fast allen sozialpädagogischen Arbeitsfeldern wieder, sei es Jugendarbeit, Arbeit mit Abhängigen oder auch als direkte sporttherapeutische Angebote. Häufig werden diese Sportinterventionen eingesetzt nach dem Motto: „Es wird schon was bringen", ohne sich weitergehende Gedanken hinsichtlich der Effektivität zu machen. Diese Einstellung dürfte auch damit zusammenhängen, dass über die konkreten Wirkmechanismen sportlicher Interventionen im Bereich psychischer Einflüsse weitgehend Unklarheit besteht.

Innerhalb des Sportangebots – jenseits rein medizinischer Indikationen – nimmt das Laufen und Joggen eine besondere Rolle ein (Bartmann, 2009a). Übersicht 15 zeigt die vielfältigen psychischen Bereiche, bei denen das Joggen nachgewiesene positive Auswirkungen hat. Es ist dabei bewusst vom „Joggen" die Rede, das heißt, es geht hier um den *langsamen Dauerlauf*. Zwar kann auch ein leistungsorientiertes Laufen positive Effekte haben, wird aber von Nichtläufern mit dem Nimbus Marathonlauf in Verbindung gebracht – und ein Marathonlauf ist nicht gesund. Außerdem schrecken so überdimensionale Läufe sehr viele Anfänger ab. Joggen, wie es von mir empfohlen wird, ermöglicht jedem, bei dem nicht eindeutige medizinische Kontraindikationen bestehen, das Laufen.

Für die in Übersicht 15 aufgelisteten psychischen Effekte des Joggens gibt es eine Fülle von Untersuchungen. Sie können an dieser Stelle nicht einzeln besprochen werden, da dies den Rahmen dieser Darstellung sprengen würde. Daher sei auf zusammenfassende Werke von Bartmann (1989; 2007; 2009a; 2009b; 2011) und Sachs und Buffone (1982) verwiesen.

Wichtigste Regel bei dem Bemühen, Nichtläufer zum Laufen zu bewegen, ist, dem Anfänger motivierende Erfolgserlebnisse zu vermitteln, und das geschieht durch ein *sanftes Einstiegsprogramm* mit dem obersten Gebot: *langsam* laufen. Nach unzähligen durchgeführten Laufkursen weiß ich, dass Anfänger *immer* zu schnell laufen, aus der „Puste" kommen und dann relativ schnell frustriert (Ausbleiben des erwarteten Erfolges, vgl. Kap. 5.4.1!) aufgeben. Das hier propagierte Joggen ist vom Tempo her nicht schneller als ein zügiges Gehen. Der Laufanfänger muss immer genügend Luftsauerstoff zur Verfügung haben (= aerobes Laufen) und darf nie kurzatmig werden. Solange man sich beim Laufen noch unterhalten kann, befindet man sich im

Übersicht 15: *Psychische Aspekte des Joggens*

Joggen reduziert	Joggen verbessert
Insuffizienzgefühle	Selbstwertgefühl
Depressionen	Coping
Ängste	Konzentrationsfähigkeit
Psychosomatische Beschwerden	Geistige Leistungsfähigkeit
Burn-out	Seelisches Wohlbefinden
Stress	
Schlafstörungen	
Abhängigkeiten	
Störendes Verhalten von Schulkindern	

Übersicht 16: *Beispiel eines Laufprogramms (nach Bartmann, 2009a)*

Woche	Tag	Trainingseinheit
1	1	2L–3G–2L–3G–2L–3G–2L–3G–2L–3G–2L–3G
	2	2L–3G–2L–3G–2L–3G–2L–3G–2L–3G–2L–3G–2L–3G
2	1	2L–2G–2L–2G–2L–2G–2L–2G–2L–2G–2L–2G–2L–3G
	2	3L–3G–3L–3G–3L–3G–3L–3G–3L–3G–3L–3G
3	1	3L–3G–3L–3G–3L–3G–3L–3G–3L–3G–3L–3G
	2	3L–2G–3L–2G–3L–2G–3L–2G–3L–2G–3L–3G–3L–3G

Es bedeuten: 2G = 2 Minuten gehen; 2L = 2 Minuten laufen, jeweils im Wechsel.
Pro Woche sind zwei Lauftermine vorgesehen.

aeroben Bereich, und das Tempo ist in Ordnung. Läuft einer so, dass er sich nicht mehr unterhalten kann, kommt er in den sogenannten anaeroben Bereich, und das ist dann zu schnell.

Was das sanfte Laufprogramm angeht, so empfehle ich ein Zeitprogramm. Das heißt, der Anfänger läuft eine bestimmte Zeit, z. B. zwei Minuten, und geht dann die gleiche Zeit. Mit zunehmendem Trainingsfortschritt werden dann die Gehphasen kürzer und die Laufzeiten länger. Das erste, mir bekannte Zeitprogramm veröffentlichten Folkins, Lynch und Gardner (1972). Übersicht 16 zeigt beispielhaft die ersten drei Wochen eines solchen Laufprogramms mit zwei Lauftermine pro Woche. Zwischen den Terminen sollten mindestens zwei Tage Pause sein. In Anhang 6 ist ein Laufprogramm bis zu 30 Minuten ununterbrochenen Laufens wiedergegeben.

Beim Joggen finden wir nun eine Vielzahl von Einzelaspekten der VM wieder:

Da ist zunächst einmal der bewusste Entschluss zu joggen. Beginnt jemand mit dem Joggen, weil er etwas für sein seelisches Wohlbefinden tun will, übernimmt er Verantwortung für sich und gewinnt damit Handlungskompetenz. Mit der Akzeptanz, selbst etwas für sich tun zu können, hat er sein Denken verändert oder umstrukturiert. Er zeigt eine *kognitive Umstrukturierung* (vgl. Kap. 6.3). Bei der Umsetzung der Entscheidung zu joggen – zum Teil wohl auch schon bei der Reifung des Entschlusses – spielen Vorbilder eine Rolle.

Wenn jemand beobachten kann, wie ein Bekannter durch regelmäßiges Joggen überflüssige Pfunde verliert und psychisch immer besser zurechtkommt, dann hat er ein Vorbild. Auch ein berühmter Läufer kann ein solches Vorbild sein. Kommt jemand mithilfe eines solchen Vorbildes zum Laufen, wirkt bei ihm das Prinzip des *Imitationslernens* (vgl. Kap. 5.4.2).

Bei der Umsetzung des Entschlusses zu laufen ist es hilfreich, sich z. B. mit Freunden oder Bekannten zum Laufen zu verabreden. Man geht so freiwillig eine Verpflichtung ein, den abgesprochenen Jogging-Termin auch einzuhalten – selbst wenn man in der konkreten Situation eigentlich keine „Lust" hat zu laufen. Es handelt sich dabei um nichts anderes als eine *Eigensteuerungstechnik* oder *Selbstkontrolle*.

Wenn dann einmal die ersten mühevollen Schritte getan sind, kommen weitere Einflüsse der VM zur Wirkung. Wer z. B. mit dem Bewusstsein, nicht laufen zu können, das Joggen beginnt, hat verständlicherweise Angst. Um diese Versagensangst abzubauen, muss das „Anspruchsniveau" auf das von Laufanfängern, wie im obigen Programm, heruntergeschraubt werden, sodass die Lauftermine immer mit einem Erfolgserlebnis enden. Mit dem angepassten Anspruchsniveau und dem so vorprogrammierten Erfolgserlebnis gibt es für die geleistete Mühe eine Belohnung (= *operante Verstärkung*). Diese Belohnung kann von innen her kommen (= intrinsische Verstärkung) als subjektives Erfolgserlebnis oder auch von außen (= extrinsische Verstärkung), z. B. durch Lob oder Bewunderung des Laufbemühens. In der Regel wirken beide Mechanismen gemeinsam.

Es ist schon ein tolles Gefühl, etwas zu schaffen, was man sich eigentlich nicht zugetraut hat, auch wenn es vielleicht erst fünf Minuten ununterbrochenes Joggen sind. Der Jogger reagiert von Lauf zu Lauf immer weniger ängstlich; er wird unempfindlicher gegenüber dieser Angst. Dieses Heranführen an angstbesetzte Handlungen und ihre allmähliche Überwindung ist eine *In-vivo-Desensibilisierung*. Diese Desensibilisierung wirkt nun nicht nur bezüglich der anfänglichen Laufangst. Die praktische Erfahrung mit Joggen zeigt nämlich, dass sich ein Angstabbau, wenn er einmal eingesetzt hat, verallgemeinert *(Generalisierungseffekt)*. Das heißt, nachdem der Jogger festgestellt hat, dass seine Laufangst unbegründet war, verlieren in vielen Bereichen auch andere Ängste, die mit dem Joggen überhaupt nichts zu tun haben, ihre Bedeutung. Das heißt, er traut sich nun auch in anderen Lebensbereichen mehr zu.

Bemerkenswert erscheint auch das neue Körpergefühl, das regelmäßige Jogger aufbauen. Es entwickelt sich eine zunehmend sensiblere Körperwahrnehmung. Muskeln, Bänder, Gelenke, Puls und Atmung werden während und nach einem Lauf deutlicher wahrgenommen. Läufer entwickeln durch diese sensiblere Wahrnehmung ihrer Körperempfindungen beim Joggen zumindest in Teilbereichen Fähigkeiten, wie sie sonst nur durch *Biofeedback-Verfahren* vermittelt werden. Der Läufer lernt – ohne Geräte – auf seinen Körper in positiver Hinsicht zu „hören".

An der jeweiligen „Jogging-Leistung" lässt sich nichts herumdeuten. Dieser simpel anmutende Sachverhalt hat bezüglich des Problems von Fehlattribuierungen ganz erhebliche praktische Bedeutung. Mit Fehlattribuierungen werden Denkmuster bezeichnet, bei denen der betreffende Mensch für sich keine Erfolge akzeptiert. Er meint, was ihm gelinge, sei nicht sein Verdienst, sondern Ergebnis „glücklicher" Umstände. Was ihm hingegen nicht gelingt, führt er immer auf sein persönliches Versagen zurück. Gerade selbstunsichere Klienten neigen zu Fehlattribuierungen, mit denen sie sich ihre Erfolgserlebnisse häufig zunichte machen.

Es gibt kaum eine Möglichkeit, für die erbrachte Jogging-Leistung andere Menschen oder günstige Umstände verantwortlich zu machen. Beim Joggen kommt der Läufer nicht umhin, einen Lauf als Ergebnis seines ureigensten Bemühens anzuerkennen. Er wird gewissermaßen zur Änderung seiner Fehlzuschreibungen zur richtigen Ursachenattribuierung hin gezwungen. Besonders günstig ist dieser Effekt bei einer Gruppe. Der Gruppenlauf nimmt die Gefahr, die eigene Leistung mit solchen Überlegungen abzuwerten wie z. B.: „Was sind schon zehn Minuten joggen; andere laufen spielend zwanzig Kilometer." In der Laufgruppe wird eine solche Fehlbeurteilung dadurch verhindert, dass jeder sieht, dass sich alle Laufanfänger abmühen müssen und stolz auf ihre anfängliche Leistung sind.

Schließlich muss noch auf die entspannungsfördernde Wirkung des Joggens eingegangen werden (vgl. auch Kap. 6.5.1). Nach einem Lauf fühlt sich der Jogger entspannt – nicht „kaputt".

Kein Wunder also, dass zur Aufregung neigende Menschen durch das „Entspannungsverfahren" Joggen insgesamt ruhiger und gelassener werden.

Diese Faktoren verdeutlichen, dass das Joggen zu Recht einen festen Platz im Rahmen der VM beanspruchen kann.

> **Wir halten fest:**
> - Das Joggen hat als asymptomatische Intervention eine Vielzahl positiver Wirkungen auf die Persönlichkeit.
> - Bei den Wirkungen des Joggens lassen sich viele Prinzipien der VM wiederfinden.

6.5.4 Euthyme Intervention – Genusstraining

Im Jahr 1984 veröffentlichten Koppenhöfer und Lutz eine kleine Broschüre mit einem „Therapieprogramm zum Aufbau positiven Erlebens und Handelns bei depressiven Patienten". Ziel dieses Programms war, depressiven Patienten über die Anregung zur differenzierten Sinneswahrnehmung einen Zugang zu positivem Erleben und Handeln zu erschließen und vor allem auf diesem Weg eine positive Kommunikation anzuregen. Was sich im Laufe der Jahre dann daraus entwickelte, ist schon enorm.

Nachdem sich im weiteren Einsatz dieser euthymen Intervention zeigte, dass nicht nur depressive Patienten von dem Programm profitierten, wird unter dem Namen „Genusstraining" dieses Training der Sinnesorgane bei fast allen Klientengruppen eingesetzt (Lutz, Mark, Bartmann, Hoch & Stark, 1999; Koppenhöfer, 2004). Das Spannende an diesem Vorgehen besteht darin, dass der Blick nicht auf die Störung oder das Problem des Klienten fixiert ist. Vielmehr geht es darum, seine gesunden, positiven Anteile zu stärken. In der verhaltensorientierten Sozialen Arbeit spricht man von ressourcenorientierter Arbeit, wenn man versucht, die Stärken eines Klienten herauszufinden und ihn auf diesem Wege zu stärken, dass er besser mit seinen Problemen umgehen kann.

Das Genusstraining geht einen ähnlichen Weg, nutzt aber nicht die ganz individuellen Ressourcen, sondern die, über die jeder Mensch verfügt, nämlich die fünf Sinne:
- Fühlen
- Riechen
- Hören
- Sehen
- Schmecken

Diese Sinne werden in einem Gruppenprogramm gemeinsam trainiert. Die Reihenfolge der Übungen sowie ihre inhaltliche Ausgestaltung variieren je nach Präferenz der Person, die die Gruppe leitet. Ich selbst gehe in der oben dargestellten Reihenfolge der fünf Sinne vor.

Wer mit dem Programm arbeiten möchte, sollte sich in die oben genannte Literatur einarbeiten. An dieser Stelle muss eine etwas geraffte Darstellung des Programmablaufes reichen.

Fühlen

Es ist bei diesem Sinn eine gute Strategie, die Gruppenteilnehmer an einem ausreichend großen Tisch sitzen zu lassen. Auf dem Tisch befindet sich ein großes Bettlaken, Tischdecke oder Ähnliches. Vor jedem Teilnehmer befindet sich unter der Decke – also nicht sichtbar – ein Alltagsgegenstand (Anspitzer, Schwamm, Massageball etc.). Alle Teilnehmer gehen dann mit ihren Händen unter das Tuch und ertasten den Gegenstand. Es geht nicht darum, den Gegenstand zu „erkennen", sondern zu beschreiben mit Begriffen wie: schwer, leicht, eckig, rund, fest, weich, kalt, warm, fühlt sich angenehm/unangenehm an, weckt angenehme oder unangenehme Erinnerungen/Assoziationen. Der Leiter der Gruppe beginnt mit der Beschreibung des Gegenstandes und hat eine wichtige Modellfunktion. Danach beschreibt entsprechend jeder „seinen" Gegenstand. Anschließend kann man dann auch die einzelnen Gegenstände – immer noch unter dem Tuch – in der Gruppe herumreichen, und jeder gibt seine Empfindungsqualitäten wieder. Dabei entsteht schnell eine lockere und positiv gestimmte Kommunikation der Gruppenmitglieder untereinander.

Bis zur nächsten Sitzung wird dann allen Gruppenteilnehmern die Hausaufgabe gegeben, im Alltag darauf zu achten, welche Dinge sie gern anfassen (z. B. Stoffe, ein Tier) oder fühlen (eine warme Dusche). Diese „Hausaufgabe" wird in der nächsten Sitzung dann gemeinsam besprochen.

Riechen

Bei dieser Übung werden verschiedene Dinge mit ihren Gerüchen präsentiert. Das können z. B. verschiedene Gewürze, Kräuter, Blumen, Öle oder Obst sein. Auch hier werden die Teilnehmer zur differenzierten Wahrnehmung der Gerüchte angeleitet. Jeder gibt einen Kommentar ab zu seiner Geruchsempfindung bei den verschiedenen Gegenständen. Auch die grundsätzliche Bedeutung des Geruchs wird in die Gruppendiskussion eingebracht, z. B. durch solche Sprüche wie „Der kann mich nicht riechen".

Als Hausaufgabe hat dann jeder zum nächsten Termin einen Gegenstand mitzubringen, dessen Geruch für ihn positive Qualitäten hat. Besonders hilfreich sind dabei solche Objekte, die mit Gefühlen verbunden sind. Dieses wird dann beim nächsten Termin von dem jeweiligen Teilnehmer vorgestellt und wandert in der Gruppe von Teilnehmer zu Teilnehmer. Jeder äußert dann die damit bei ihm ausgelösten Empfindungen.

Hören

Zu dieser Sinneswahrnehmung arbeite ich mit einer im Handel erhältlichen Geräusche-CD. Darauf befinden sich Alltagsgeräusche (Schnarchen, Lachen, Schmatzen, Regen, ein tropfender Wasserhahn, Wespenschwarm, Meeresrauschen) und Geräusche aus spezifischen Situationen (Kanonenschuss, Zahnarztbohrer, Sprengung, Start eines Flugzeuges, vorbeifahrender Zug). Diese Geräusche werden gemeinschaftlich unter dem Aspekt angenehm/unangenehm in der Gruppe diskutiert. Es ist erstaunlich, wie schnell gemeinsame Assoziationen mit bestimmten Geräuschen entstehen.

Als Hausaufgabe werden die Teilnehmer dann angeleitet, zum einen Alltagsgeräusche bewusst wahrzunehmen und zum anderen einen akustischen Reiz, der für sie eine emotionale

Bedeutung hat, mitzubringen. Das können Musikinstrumente sein, die die Teilnehmer selbst spielen, aber auch Musikstücke, die mit bestimmten Erlebnissen verbunden sind. Auch dies fördert die Kommunikation in der Gruppe erheblich.

Sehen

Es geht darum, die Farben der Umwelt wieder bewusst wahrzunehmen. Dies kann bei der Übung so gestaltet werden, dass z. B. eine Schale mit bunten Gegenständen, etwa Kerzen, oder auch verschiedenartiges Obst betrachtet wird. Auch ein Kaleidoskop eignet sich dazu, Farben wieder bewusster wahrzunehmen. Die Teilnehmer sollen sich dazu äußern, wie die Farben bzw. Farbzusammenstellungen auf sie wirken. Auch hier können – wie bei allen Übungen – Assoziationen oder Erinnerungen entstehen. Diese können gegebenenfalls dann weiter thematisiert werden.

Als Hausaufgabe bringen die Teilnehmer zum nächsten Treffen eine Farbkomposition (Bilder, Gegenstände usw.) mit, die ihnen gefällt und zu der sie etwas sagen können.

Schmecken

Im Alltag pflegen wir zwar zu registrieren, ob uns ein Essen schmeckt oder nicht schmeckt. Eine ganz differenzierte Beschreibung dessen, was wir schmecken, kennen die meisten von einer angeleiteten Weinprobe – auch wenn die vom Weinkenner formulierten Nuancierungen nicht von jedem Teilnehmer einer solchen Probe wahrgenommen werden.

Analog geht es bei dieser Übung ebenfalls um eine differenziertere Wahrnehmung. So empfehlen Koppenhöfer und Lutz (1984) beispielsweise „… ein Stückchen Brot langsam zu einem Brei zu zerkauen und dabei auf die geschmacklichen Änderungen zu achten" (S. 23). Die unterschiedlichen Konsistenzen sollen differenziert erlebt und formuliert werden, wie die Unterschiede zwischen einer Banane, einer Feige, einer Möhre oder von Nüssen.

Häufig erinnern sich Teilnehmer an Dinge, die sie zum Teil in der Kindheit gern gegessen haben, aber schon lange nicht mehr im Mund hatten. Hier kann die Aufgabe auch darin bestehen, diese Substanzen – sofern verfügbar – zur nächsten Sitzung mitzubringen und den anderen Teilnehmern die Möglichkeit zu geben, diese Wahrnehmung zu bestätigen oder auch nicht.

Daneben werden in der Gruppe bestimmte „Genussregeln" (Lutz & Koppenhöfer, 1984) erläutert und besprochen. Sie lauten:
- *Genuss braucht Zeit* (hierzu gehört, sich die nötige Zeit zum Genießen auch zu nehmen; kaum jemand „hat" Zeit – man muss lernen, sich die Zeit zu „nehmen").
- *Genuss muss erlaubt sein* (mit einem schlechten Gewissen kann ich nicht genießen, z. B., wenn ich immer daran denke, was ich eigentlich noch arbeiten müsste, statt zu genießen).
- *Genuss geht nicht nebenbei* (es ist wichtig, sich auf das Genusserlebnis zu konzentrieren, ohne Ablenkung durch andere Reize).
- *Jedem das Seine* (was für mich genussvoll ist, muss nicht für andere genussvoll sein, jeder muss „seinen" Genuss herausfinden).

- *Weniger ist mehr* (nicht die Masse macht das Genießen aus, sondern die bewusste Selbstbeschränkung; eine Praline mag sehr gut schmecken – nach dem Verzehr einer ganzen Schachtel ist einem eher schlecht).
- *Ohne Erfahrung kein Genuss* (nur durch Erfahrung können wir uns Genussquellen erschließen; wenn ich ein bis dahin unbekanntes Gericht nicht probiere, kann ich auch nicht die Erfahrung machen, dass es mir vielleicht hervorragend schmeckt).
- *Genuss ist alltäglich* (hierzu gehört zu lernen, dass es im Alltag viele Dinge gibt, die uns erfreuen und die wir genießen können, ohne eine besondere oder außergewöhnliche Situation zu erleben).

> **Wir halten fest:**
> - Ein Genusstraining ist ein effektiver Weg, in einer Gruppe die Kommunikation zu fördern.
> - Über die Schulung der Sinne wird ein positives Wahrnehmen und Erleben gefördert.

7 Anhang

7.1 Anhang 1: Stichwortliste einer Anamnese

0 Persönliche Grundangaben

- *0a Name, Geschlecht, Alter, Anschrift*
- *0b Anlass des Hilfeersuchens*

1 Frühkindliche Entwicklung und Familienanamnese

- *1a Prä- und perinatale Entwicklung*
- *1b Frühkindliche Entwicklung*

2 Sozial-/Berufsanamnese

- *2a Kindergartenalter*
- *2b Schulalter*
- *2c Psychische Abnabelung*
- *2d Berufliche Entwicklung*
- *2e Besondere Begabungen*

3 Gesundheits-/Krankheitsanamnese

- *3a Körperliche Krankheiten, Unfälle*
- *3b Psychische Erkrankungen oder Verhaltensauffälligkeiten*
- *3c Erfahrungen mit Drogen (legalen, illegalen)*
- *3d Erleben und Umgang mit Krankheiten*

4 Sexualentwicklung

- *4a Einstellung des Elternhauses zur Sexualität*
- *4b Erste hetero-/homosexuelle Kontakte*
- *4c Probleme bei Sexualkontakten*
- *4d Gegenwärtig befriedigende/unbefriedigende Sexualität*

5 Problemsituation

- *5a Aktuelle Lebenssituation*
- *5b Problemverhalten*
- *5c Veränderungsmotivation*
- *5d Ressourcen*

7.2 Anhang 2

Fragebogen zur Erfassung von Verstärkern (etwas modifiziert nach Nolte, 2003)

Name_____ Vorname_____ Datum_____

Im Folgenden finden Sie eine Aufzählung von Tätigkeiten und Situationen, die von verschiedenen Menschen in einem unterschiedlichen Ausmaß als angenehm oder evtl. auch als unangenehm empfunden werden. Lesen Sie sich bitte jede angegebene Tätigkeit gut durch. Entscheiden Sie dann, möglichst ohne lange zu überlegen, nach ihrer gegenwärtigen Einstellung, wie gern Sie diese Tätigkeit ausführen bzw., wenn Sie sich momentan nicht verwirklichen lässt, unter anderen Umständen ausführen würden. Achten Sie bitte darauf, dass Sie möglichst keine Tätigkeitsangabe auslassen und nicht in eine falsche Spalte oder Zeile geraten. Am Ende jedes Themenbereichs werden zusätzlich noch Vertiefungsfragen gestellt, welche dazu dienen sollen, persönliche Vorlieben noch genauer herauszufinden. Versuchen Sie auch hier bitte nichts auszulassen und lassen Sie sich ruhig genügend Zeit zum Nachdenken. Fangen Sie jetzt bitte an!

		sehr gern	gern	weder noch	ungern	sehr ungern
1. Essen		☐	☐	☐	☐	☐
a)	Süßigkeiten	☐	☐	☐	☐	☐
b)	Chips	☐	☐	☐	☐	☐
c)	Obst	☐	☐	☐	☐	☐
d)	Fast Food	☐	☐	☐	☐	☐
e)	Nennen Sie hier bitte ein bis zwei Speisen, die Sie besonders gerne oder oft essen!					

		sehr gern	gern	weder noch	ungern	sehr ungern
2. Trinken		☐	☐	☐	☐	☐
a)	Mineralwasser	☐	☐	☐	☐	☐
b)	Fruchtsaft	☐	☐	☐	☐	☐
c)	Kaffee	☐	☐	☐	☐	☐
d)	Tee	☐	☐	☐	☐	☐
e)	Bier	☐	☐	☐	☐	☐
f)	Wein	☐	☐	☐	☐	☐
g)	Nennen Sie hier bitte ein bis zwei Getränke, die Sie besonders gerne oder oft trinken!					

	sehr gern	gern	weder noch	ungern	sehr ungern
3. Musik hören	☐	☐	☐	☐	☐

Kreuzen Sie hier bitte die Musikrichtung(-en) an, die Sie besonders gern mögen!

☐ klassische Musik   ☐ deutsche Volksmusik   ☐ Schlager   ☐ Oldies
☐ internationale Folklore   ☐ Mainstream (Radio)   ☐ Black Music   ☐ Jazz
☐ Independent   ☐ Techno/House   ☐ Rockmusik   ☐ Heavy Metal
☐ Sonstiges _____

7.2 Anhang 2

	sehr gern	gern	weder noch	ungern	sehr ungern
4. Selbst Musik machen	☐	☐	☐	☐	☐
a) allein	☐	☐	☐	☐	☐
b) zusammen mit anderen	☐	☐	☐	☐	☐
c) Instrument spielen	☐	☐	☐	☐	☐
d) singen	☐	☐	☐	☐	☐
e) komponieren	☐	☐	☐	☐	☐

	sehr gern	gern	weder noch	ungern	sehr ungern
5. Lesen	☐	☐	☐	☐	☐
a) Bücher	☐	☐	☐	☐	☐
b) Zeitschriften	☐	☐	☐	☐	☐
c) Illustrierte	☐	☐	☐	☐	☐
d) Tageszeitungen	☐	☐	☐	☐	☐

e) Wenn ich lese, interessiert mich Folgendes besonders:

☐ Abenteuer ☐ Kriminalgeschichten ☐ Liebe ☐ Sport
☐ Reisen/fremde Kulturen ☐ Wissenschaft ☐ Poesie ☐ Comics
☐ Lebensberichte ☐ Stars und Adel ☐ Horror ☐ Kunst
☐ Philosophie/Religion ☐ Politik und Geschichte ☐ Erotik
☐ Sonstiges _____

	sehr gern	gern	weder noch	ungern	sehr ungern
6. Fernsehen	☐	☐	☐	☐	☐

a) Ich sehe am liebsten:

☐ Spielfilme ☐ Serien/Soaps ☐ Talksendungen ☐ Sport
☐ Dokumentationen ☐ Musikshows ☐ Quizshows ☐ Comics
☐ Nachrichten ☐ Kultur-/Politiksendungen ☐ Wissenschaft

b) Eine Sendung die ich ungern verpasse: _____

	sehr gern	gern	weder noch	ungern	sehr ungern
7. Videos/DVDs anschauen	☐	☐	☐	☐	☐

Wenn ich Videos/DVDs anschaue, interessiert mich:

☐ Abenteuer/Action ☐ Krimis ☐ Liebesfilme ☐ Erotik
☐ Politik und Geschichte ☐ Horror ☐ Sport ☐ Comics
☐ Sonstiges _____

	sehr gern	gern	weder noch	ungern	sehr ungern
8. Ausgehen/etwas unternehmen	☐	☐	☐	☐	☐
a) allein	☐	☐	☐	☐	☐
b) mit Freunden	☐	☐	☐	☐	☐

c) Kreuzen Sie hier bitte an, wo Sie besonders gerne und oft hingehen!

☐ auf öffentliche Feste (Kirmes, Stadtfest etc.)   ☐ Theater   ☐ Konzerte
☐ Café/Kneipe/Bar   ☐ zum Essen   ☐ Kino
☐ Ausstellungen   ☐ Sportveranstaltungen   ☐ Disco/Tanzen
☐ Sonstiges _____

	sehr gern	gern	weder noch	ungern	sehr ungern
9. Sport treiben	☐	☐	☐	☐	☐

Welche Sportart(-en) betreiben Sie besonders gern?

☐ Inlineskaten   ☐ Schwimmen   ☐ Laufen/Joggen   ☐ Rad fahren
☐ Kampfsport   ☐ Fitnesstraining   ☐ Handball   ☐ Fußball
☐ Kegeln   ☐ Tennis   ☐ Aerobic   ☐ Ski-/Snowboard fahren
☐ Sonstiges _____

	sehr gern	gern	weder noch	ungern	sehr ungern
10. Kreativ sein	☐	☐	☐	☐	☐

Kreuzen Sie hier bitte an, was Sie von den hier aufgeführten Dingen am liebsten tun oder tun würden!

☐ Malen/Zeichnen   ☐ Fotografieren   ☐ Filmen   ☐ Basteln/Handarbeit
☐ Theater spielen   ☐ Handwerken/etwas bauen   ☐ Schreiben (Geschichten, Gedichte …)
☐ Sonstiges _____

	sehr gern	gern	weder noch	ungern	sehr ungern
11. Sonstige Freizeitbeschäftigungen					
a) Rätselaufgaben lösen (Kreuzworträtsel etc.)	☐	☐	☐	☐	☐
b) Herausfinden, wie etwas funktioniert	☐	☐	☐	☐	☐
c) Sich mit dem Computer beschäftigen	☐	☐	☐	☐	☐
d) Spielekonsole (Playstation etc.) spielen	☐	☐	☐	☐	☐
e) Im Internet surfen	☐	☐	☐	☐	☐
f) Chatten	☐	☐	☐	☐	☐
g) SMS schreiben	☐	☐	☐	☐	☐
h) Telefonieren	☐	☐	☐	☐	☐
i) Gesellschaftsspiele spielen	☐	☐	☐	☐	☐
j) Gartenarbeit verrichten	☐	☐	☐	☐	☐
k) Kochen	☐	☐	☐	☐	☐

7.2 Anhang 2

		sehr gern	gern	weder noch	ungern	sehr ungern
l)	Spazieren gehen	☐	☐	☐	☐	☐
m)	Wandern	☐	☐	☐	☐	☐
n)	Verreisen	☐	☐	☐	☐	☐
o)	Einkaufen	☐	☐	☐	☐	☐
p)	In die Kirche gehen/beten	☐	☐	☐	☐	☐
q)	Zur Schule/Zum Studium/Zur Arbeit gehen	☐	☐	☐	☐	☐
r)	Sich engagieren (sozial, politisch etc.)	☐	☐	☐	☐	☐
s)	Entspannen	☐	☐	☐	☐	☐
t)	Einen gemütlichen Abend machen	☐	☐	☐	☐	☐
u)	Schlafen	☐	☐	☐	☐	☐
v)	Sex haben	☐	☐	☐	☐	☐
w)	Diskutieren	☐	☐	☐	☐	☐
x)	Über andere lästern	☐	☐	☐	☐	☐
y)	Andere Menschen beobachten	☐	☐	☐	☐	☐
z)	Flirten	☐	☐	☐	☐	☐
aa)	Jemand anderem helfen	☐	☐	☐	☐	☐
ab)	Jemandem eine Freude machen	☐	☐	☐	☐	☐
ac)	Mit anderen über meine Gefühle reden	☐	☐	☐	☐	☐
ad)	Mich selbst loben	☐	☐	☐	☐	☐

Meine liebste(-n) Freizeitbeschäftigung(-en): _____
(oben bereits genannte auch möglich)

12. Situationen

		sehr gern	gern	weder noch	ungern	sehr ungern
a)	Um Rat gefragt werden	☐	☐	☐	☐	☐
b)	Angelächelt werden	☐	☐	☐	☐	☐
c)	Gelobt werden	☐	☐	☐	☐	☐
d)	Jemand haben, der für mich da ist/mir zuhört	☐	☐	☐	☐	☐
e)	In den Arm genommen werden	☐	☐	☐	☐	☐
f)	Mit (meinen) Kindern zusammen sein	☐	☐	☐	☐	☐
g)	Mit meinem Partner/meiner Partnerin zusammen sein	☐	☐	☐	☐	☐
h)	Mit Freunden zusammen sein	☐	☐	☐	☐	☐
i)	Zeit mit der Familie verbringen	☐	☐	☐	☐	☐
j)	Tiere in meiner Nähe haben	☐	☐	☐	☐	☐

Welche Tiere besonders: _____

7.3 Anhang 3: Schema für „Verhalten in Situationen" ViS

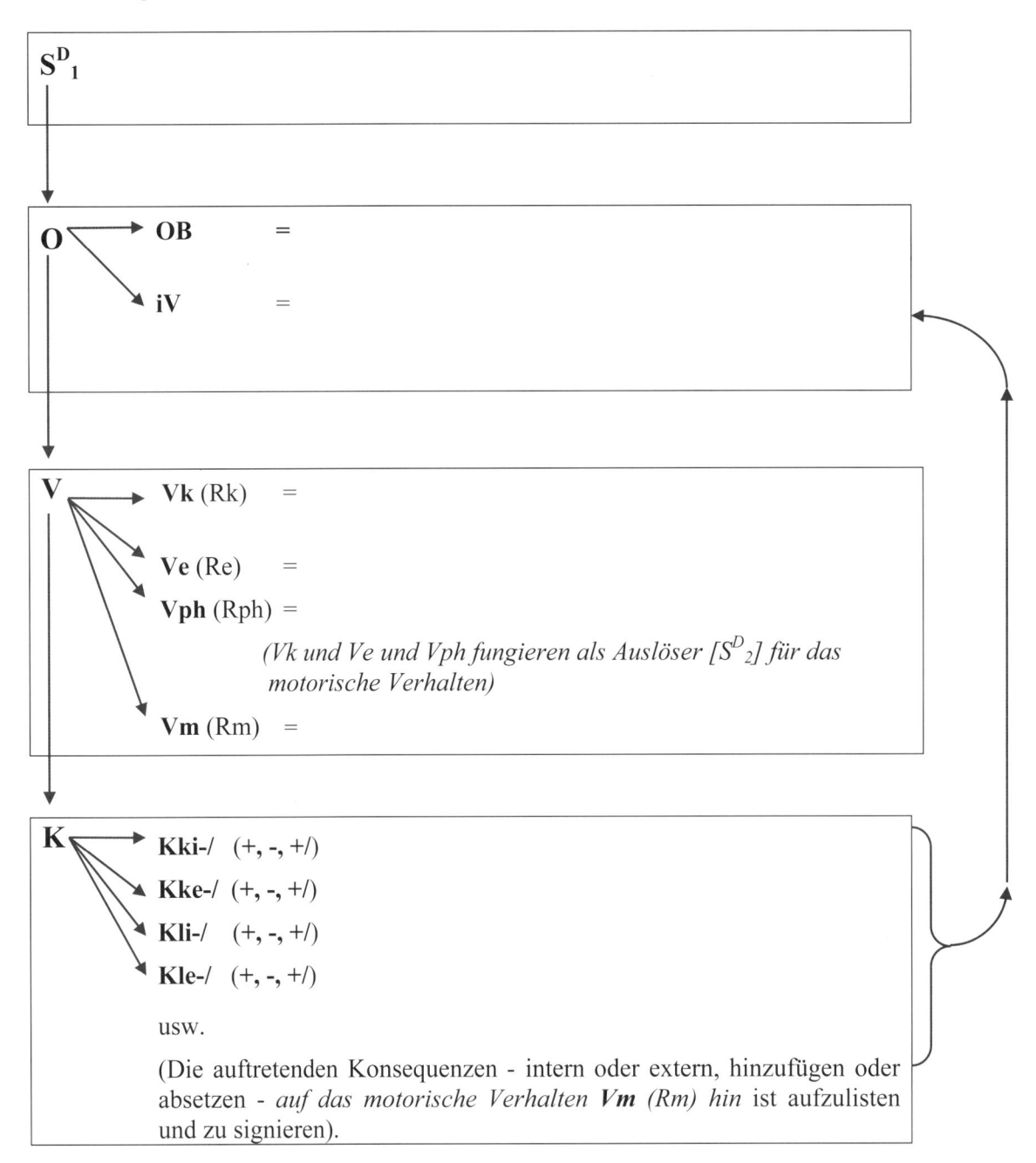

S^D_1

O → OB =
  ↘ iV =

V → **Vk** (Rk) =
  → **Ve** (Re) =
  → **Vph** (Rph) =

(Vk und Ve und Vph fungieren als Auslöser [S^D_2] für das motorische Verhalten)

  → **Vm** (Rm) =

K → **Kki-/** (+, -, +/)
  → **Kke-/** (+, -, +/)
  → **Kli-/** (+, -, +/)
  → **Kle-/** (+, -, +/)

usw.

(Die auftretenden Konsequenzen - intern oder extern, hinzufügen oder absetzen - *auf das motorische Verhalten **Vm** (Rm) hin* ist aufzulisten und zu signieren).

7.4 Anhang 4: Persönlicher Lösungsbogen (in Anlehnung an Franke, 1985)

		Verhalten kognitiv V_k (R_k)	Verhalten emotional V_e (R_e)	Verhalten physiologisch V_{ph} (R_{ph})	Verhalten motorisch = V_m (R_m)
S^D Auslöser	iV interne Verarbeitung	Was denke ich?	Wie fühle ich mich?	Wie reagiert mein Körper?	Was tue ich?
Bis jetzt					
Ab jetzt					

	Konsequenzen KK Kurzfristige Konsequenz meines Verhaltens	**Konsequenzen KL** Langfristige Konsequenz meines Verhaltens
Bis jetzt		
Ab jetzt		

7.5 Anhang 5: Entspannungsinstruktion zur PME

Bitte nehmen Sie Ihre *Entspannungshaltung* ein. Achten Sie darauf, dass Sie locker und bequem liegen oder sitzen. Sie können durchaus auch während der Übung Ihre Körperhaltung korrigieren. Schließen Sie die Augen.

Ballen Sie nun Ihre *dominante Hand* zur Faust. Achten Sie auf das intensive Spannungsgefühl in Ihrer Hand und dem Unterarm. Halten Sie fest, aber ohne zu verkrampfen (ca. 4–6 Sekunden).

    Nun lassen Sie locker und entspannen die Hand wieder. Achten Sie auf das angenehme Gefühl der nachlassenden Anspannung und vergegenwärtigen Sie sich, dass die Entspannung noch weiter fortschreitet (ca. 30–40 Sekunden).

Ballen Sie nun Ihre *andere Hand* zur Faust. Achten Sie auch hier auf das intensive Spannungsgefühl und halten Sie fest, ohne zu verkrampfen (ca. 4–6 Sekunden).

    Nun lassen Sie locker und entspannen die Hand wieder. Achten Sie auf das angenehme Gefühl der nachlassenden Anspannung und vergegenwärtigen Sie sich die wohltuende Entspannung (ca. 30–40 Sekunden).

Ballen Sie nun *beide Hände* zur Faust und winkeln Sie die Arme an. Achten Sie auf das intensive Spannungsgefühl in Ihren Händen und Armen und halten Sie fest ohne zu verkrampfen (ca. 4–6 Sekunden).

    Nun lassen Sie locker und entspannen die angespannten Muskeln wieder. Achten Sie auf das angenehme Gefühl der nachlassenden Anspannung und vergegenwärtigen Sie sich das wohltuende Entspannungsgefühl (ca. 30–40 Sekunden).

Nun gehen wir über auf die *Schultern:* (Die folgenden Übungen jeweils 3 Sekunden anspannen und 3 Sekunden entspannen.) Ziehen Sie nun Ihre Schultern nach oben hin zu den Ohrläppchen. Lassen Sie locker und entspannen wieder. Schieben Sie nun Ihre Schultern nach unten zu den Füßen hin. Nun lassen Sie locker und entspannen wieder. Ziehen Sie nun Ihre Schultern im Rücken zusammen, als wollten Sie die Schulterblätter zusammenschieben. Nun lassen Sie locker und entspannen wieder. Ziehen Sie nun Ihre Schultern vor dem Brustkorb zusammen.

    Nun lassen Sie locker und entspannen die angespannten Muskeln wieder. Genießen Sie das angenehme Gefühl der nachlassenden Anspannung und vergegenwärtigen Sie sich, dass die Entspannung immer weiter fortschreitet (30–40 Sekunden).

Wir kommen nun zu *Bauch* und *Oberschenkeln:* Heben Sie die Füße ein wenig und spannen Sie die Oberschenkel an. Spüren Sie die Anspannung in den Bauchmuskeln und den Oberschenkeln (ca. 4–6 Sekunden).

    Nun lassen Sie locker und entspannen wieder. Gehen Sie mit Ihrem Gefühl in die sich entspannenden Muskeln und vergegenwärtigen Sie sich das Gefühl (30 bis 40 Sekunden).

Nun zu den *Unterschenkeln:* (Die folgenden Übungen wieder jeweils 3 Sekunden anspannen und 3 Sekunden entspannen.) Ziehen Sie die Zehen zu Ihrem Körper hin. Spüren Sie die Spannung, ohne zu verkrampfen. Und nun lassen Sie locker und entspannen. Schieben Sie jetzt die Zehen von Ihrem Körper weg. Spüren Sie die Anspannung im Unterschenkel, während der übrige Körper unbeteiligt ist.

Nun lassen Sie locker und entspannen Sie die Muskeln wieder und achten Sie auf das angenehme Gefühl der nachlassenden Anspannung (30–40 Sekunden).

(Die folgenden Übungen wieder jeweils 3 Sekunden anspannen und 3 Sekunden entspannen.) Ziehen Sie nun die *Zehen* beider Füße nach oben. Nun lassen Sie locker und entspannen wieder. Ziehen Sie nun die Zehen beider Füße ein, so als wollten Sie damit einen Bleistift greifen. Achten Sie dabei auf die Anspannung in den Füßen.

Nun lassen Sie locker und entspannen die angespannten Muskeln wieder. Genießen Sie das angenehme Gefühl der nachlassenden Anspannung und vergegenwärtigen Sie sich die Entspannung (30–40 Sekunden).

Nun gehen wir über auf das *Gesicht:* (Die folgenden Übungen wieder jeweils 3 Sekunden anspannen und 3 Sekunden entspannen.) Runzeln Sie die Stirn, so als ob Sie böse schauen. Lassen Sie locker und entspannen Sie wieder. Kneifen Sie die Augen fest zusammen. Lassen Sie locker und entspannen Sie wieder. Reißen Sie nun die Augen weit auf. Lassen Sie locker und entspannen Sie wieder. Pressen Sie nun Unter- und Oberkiefer fest zusammen. Lassen Sie locker und entspannen Sie wieder. Öffnen Sie nun den Mund weit und machen Sie einen breiten Mund. Lassen Sie locker und entspannen Sie wieder. Spitzen Sie nun den Mund.

Nun lassen Sie locker und entspannen die angespannten Muskeln wieder. Genießen Sie das angenehme Gefühl der nachlassenden Anspannung und vergegenwärtigen Sie sich, dass die Entspannung immer weiter fortschreitet (30–40 Sekunden).

Jetzt zu den *Halsmuskeln:* (Die folgenden Übungen wieder jeweils 3 Sekunden anspannen und 3 Sekunden entspannen.) Legen Sie nun den Kopf auf die rechte Seite. Lassen Sie locker und entspannen Sie. Legen Sie nun den Kopf auf die linke Seite. Lassen Sie locker und entspannen Sie. Schieben Sie nun den Kopf in den Nacken. Lassen Sie locker und entspannen Sie. Pressen Sie nun den Kopf auf die Brust.

Nun lassen Sie locker und entspannen die angespannten Muskeln wieder. Genießen Sie das angenehme Gefühl der nachlassenden Anspannung und vergegenwärtigen Sie sich diese Entspannung (30–40 Sekunden).

Ihr ganzer Körper ist jetzt angenehm entspannt. Genießen Sie dieses wohltuende Gefühl. Gehen Sie gedanklich die entspannten Muskelgruppen noch einmal durch und fühlen Sie die tiefe Entspannung des gesamten Körpers.

Stellen Sie sich ein Ruhebild vor, das Sie mit dieser Ruhe und Entspannung verbinden, oder verbinden Sie diese Ruhe und Entspannung mit einem Entspannungswort, z. B. „Ruhe" oder „Gelassenheit". Immer wenn Sie sich Ihr Ruhebild oder Entspannungswort sagen, vergegenwärtigen Sie sich die innere und äußere Ruhe, die Sie jetzt spüren (2–3 Minuten).

Stellen Sie sich nun darauf ein, die Entspannung zurückzunehmen und in das Tagesgeschehen zurückzukehren. Bewegen Sie Hände und Füße, räkeln und strecken Sie sich. Atmen Sie tief durch und öffnen Sie die Augen.

7.6 Anhang 6: Entspannungsinstruktion zum AT
Die kursiv geschriebenen Sätze sind mehrfach zu wiederholen.

Bitte nehmen Sie die gewohnte Entspannungshaltung ein. Achten Sie darauf, bequem zu liegen oder zu sitzen. Schließen Sie die Augen und schalten Sie für ein paar Augenblicke vollständig ab. Die Sorgen des Alltags legen Sie ab wie einen schweren Mantel, und alle Gedanken lassen Sie vorüberziehen wie eine Wolke. *Sie sind ganz ruhig, ganz entspannt.*

Mit der zunehmenden Ruhe spüren Sie, wie sich die Muskeln entspannen, und Sie fühlen, Arme und Beine sind angenehm schwer. *Arme und Beine sind angenehm schwer, wohltuend schlaff und schwer.*

Sie sind ganz ruhig, ganz entspannt. Genießen Sie die innere und äußere Ruhe, die angenehmen Körperempfindungen.

Nun fühlen Sie auch, wie Arme und Beine warm werden, und Sie fühlen: *Arme und Beine strömen wohltuend warm, ganz warm.*

Sie sind ganz ruhig, ganz entspannt. Lassen Sie die Gedanken vorüberziehen, achten Sie nur auf Ihren Körper.

Nun fühlen Sie auch, dass der Atem ruhiger geworden ist, und Sie spüren: *Atmung ist tief und ruhig, ruhig und regelmäßig.*

Sie sind ganz ruhig, ganz entspannt. Genießen Sie die innere und äußere Ruhe, die angenehmen Körperempfindungen.

Nun fühlen Sie wie ganz selbstverständlich auch Ihren Puls, und Sie fühlen: *Herz schlägt ruhig und regelmäßig.*

Sie sind ganz ruhig, ganz entspannt. Lassen Sie die Gedanken vorüberziehen, achten Sie nur auf Ihren Körper.

Nun fühlen Sie, wie Ihr Leib wohltuend warm strömt, und Sie fühlen: *Sonnengeflecht strömt wohltuend warm, ganz warm.*

Sie sind ganz ruhig, ganz entspannt. Genießen Sie die innere und äußere Ruhe, die angenehmen Körperempfindungen.

Und nun fühlen Sie, die Stirn ist angenehm kühl. Wie von einem leichten Lufthauch, wie von einem Fächer erzeugt, fühlen Sie: *Die Stirn ist angenehm kühl.*

Sie genießen die innere und äußere Ruhe, die angenehmen Körperempfindungen. Vergegenwärtigen Sie sich diese Entspannung und verbinden Sie sie mit den Worten „ruhig, ganz ruhig". Immer wenn Sie sich selbst sagen, „ruhig, ganz ruhig", spüren Sie die innere und äußere Ruhe, die Sie jetzt fühlen.

Gleich werde ich von sechs bis eins zurückzählen und die Übungen zurücknehmen.

Sechs – die Stirn ist nicht mehr kühl, sondern fühlt sich an wie sonst auch. Fünf – das Sonnengeflecht strömt nicht mehr warm. Vier – Herz- und Atemrhythmus sind normal, wie sonst auch. Drei – Arme und Beine sind nicht mehr warm. Zwei – Arme und Beine sind nicht mehr schwer, Sie spüren die Spannkraft des Körpers wieder, bewegen Hände und Füße ein wenig, das Denken wird wieder klar und bewusst. Eins – Sie setzen sich aufrecht hin, winkeln Arme und Beine kurz und kräftig an, öffnen die Augen und fühlen sich wie nach einem erholsamen Schlummer.

7.7 Anhang 7: Joggingprogramm

Woche	Tag	Laufzeit in Minuten	Gesamt-laufzeit
1.	1.	2L–3G–2L–3G–2L–3G–2L–3G–2L–3G–2L–2G	12
	2.	2L–3G–2L–3G–2L–3G–2L–3G–2L–3G–2L–3G–2L–2G	14
2.	1.	2L–2G–2L–2G–2L–2G–2L–2G–2L–2G–2L–2G–2L–2G	14
	2.	3L–3G–3L–3G–3L–3G–3L–3G–3L–2G	15
3.	1.	3L–3G–3L–3G–3L–3G–3L–3G–3L–3G–3L–2G	18
	2.	3L–2G–3L–2G–3L–2G–3L–2G–3L–2G–3L–2G–3L–2G	21
4.	1.	4L–3G–4L–3G–4L–3G–4L–3G–4L–3G–4L–2G	24
	2.	4L–2G–4L–2G–4L–2G–4L–2G–4L–2G–4L–2G–4L–2G	28
5.	1.	5L–3G–5L–3G–5L–3G–5L–3G–5L–2G	25
	2.	5L–3G–5L–3G–5L–3G–5L–3G–5L–3G–5L–2G	30
6.	1.	5L–2G–5L–2G–10L–5G–5L–2G–5L–2G	30
	2.	5L–2G–5L–2G–10L–5G–5L–2G–5L–2G–5L–2G	35
7.	1.	5L–2G–5L–2G–10L–5G–5L–2G–5L–2G–5L–2G–5L–2G	40
	2.	5L–2G–10L–5G–10L–5G–5L–2G–5L–2G–5L–2G	40
8.	1.	5L–2G–10L–5G–10L–5G–5L–2G–5L–2G–5L–2G–5L–2G	45
	2.	5L–2G–15L–5G–10L–5G–5L–2G–5L–2G	40
9.	1.	5L–2G–15L–5G–10L–5G–5L–2G–5L–2G–5L–2G	45
	2.	5L–2G–15L–5G–15L–5G–5L–2G–5L–2G	45
10.	1.	5L–2G–20L–5G–10L–5G–5L–2G–5L–2G	45
	2.	5L–2G–20L–5G–15L–5G–5L–2G	45
11.	1.	5L–2G–20L–5G–15L–5G–5L–2G–5L–2G	50
	2.	5L–2G–25L–5G–10L–5G–5L–2G	45
12.	1.	5L–2G–25L–5G–10L–5G–5L–2G–5L–2G	50
	2.	5L–2G–30L–5G–10L–5G–5L–2G	50

Aus: Bartmann (2009a), Laufen und Joggen für die Psyche, dgvt-Verlag, Tübingen, 5., erw. Aufl.

8 Literaturverzeichnis

Albert, Hans (1971). *Plädoyer für kritischen Rationalismus.* München: Piper.

Alt, Franz (2009). Armes reiches Deutschland. *Mainpost* vom 24.01.2009.

Assagioli, Roberto (1987). *Die Schulung des Willens.* Paderborn: Junfermann.

Bartling, Gisela, Echelmeyer, Liz, Engberding, Margarita & Krause, Regina (1987). *Problemanalyse im therapeutischen Prozeß* (2. Aufl.). Stuttgart: UTB.

Bartling, Gisela, Echelmeyer, Liz & Engberding, Margarita (1998). *Problemanalyse im therapeutischen Prozeß* (4. Aufl.). Stuttgart: UTB.

Bartmann, Ulrich (1986). Autogenes Training – Chancen und Probleme. *Psycho, 12* (6), 448–459.

Bartmann, Ulrich (1989). *Lauftherapie bei Krankenpflegepersonal.* Heidelberg: Asanger.

Bartmann, Ulrich (2007). *Fortschritte in Lauftherapie Band 1. Schwerpunktthema: Lauftherapie bei Kindern und Jugendlichen.* Tübingen: dgvt-Verlag.

Bartmann, Ulrich (2009a). *Laufen und Joggen für die Psyche* (5., erw. Aufl.). Tübingen: dgvt-Verlag.

Bartmann, Ulrich (2009b). *Fortschritte in Lauftherapie Band 2. Schwerpunktthema: Lauftherapie bei depressiven Störungen.* Tübingen: dgvt-Verlag.

Bartmann, Ulrich (2011). *Fortschritte in Lauftherapie Band 3. Schwerpunktthema: Lauftherapie bei Abhängigkeiten.* Tübingen: dgvt-Verlag.

Bartmann, Ulrich & Grün, Carmen (2004). Die Rolle der Verhaltensmodifikation als Methode aus der Sicht von Berufspraktikern. *Verhaltenstherapie & Psychosoziale Praxis, 36* (1), 81–87.

Bernstein, Douglas A. & Borkovec, Thomas D. (2002). *Entspannungstraining* (11. Aufl.). München: Pfeiffer bei Klett-Cotta.

Brett, Doris (1995a). *Anna zähmt die Monster* (3.Aufl.). Salzhausen: Iskopress.

Brett, Doris (1995b). *Ein Zauberring für Anna.* Salzhausen: Iskopress.

Chua, Amy (2011). *Die Mutter des Erfolges – Wie ich meinen Kindern das Siegen beibrachte.* München: Nagel & Kimche.

Cigno, Katy & Bourn, Diana (Hrsg.). (1998). *Cognitive-behavioural Social Work in Practice.* Aldershot: Ashgate.

Como, Frank (2010). Verhaltensorientierte Soziale Arbeit. Wissenschaftshistorische Ausgangspunkte und aktuelle Perspektiven. *Verhaltenstherapie & Psychosoziale Praxis, 42* (1), 146–160.

Dreikurs, Rudolf & Soltz, Vicki (1997). *Kinder fordern uns heraus* (2. Aufl.). Stuttgart: Klett-Cotta.

Echelmeyer, Liz & Zimmer, Dirk (1977). *Intensiv-Entspannungstraining.* Tübingen: dgvt-Verlag.

Emminghaus, Wolf B. & Kuhnle, Werner (1979). *Praxisanleitung Verhaltensmodifikation.* Tübingen: dgvt-Verlag.

Epiktet (1992). *Wege zum glücklichen Handeln* (aus dem Lateinischen von Wilhem Capelle). Frankfurt a. M.: Insel Taschenbuch.

Feßler, Carolin (2006). *Die Beurteilung Sozialer Arbeit durch andere Berufsgruppen in Entwöhnungskliniken.* Diplomarbeit, FH Würzburg-Schweinfurt, Studiengang Soziale Arbeit.

Fiedler, Peter (1996). *Verhaltenstherapie in und mit Gruppen.* Weinheim: PVU.

Fliegel, Steffen, Groeger, Wolfgang M., Künzel, Rainer, Schulte, Dietmar & Sorgatz, Hardo (1994). *Verhaltenstherapeutische Standardmethoden* (3. Aufl.). Weinheim: PVU.

Fliegel, Steffen & Heyden, Thomas (1994). *Verhaltenstherapeutische Diagnostik I.* Tübingen: dgvt-Verlag.

8 Literaturverzeichnis

Folkins, Carlyle H., Lynch, Steve & Gardner, M. Melvin (1972). Psychological Fitness as a Function of Physical Fitness. *Arch. Physic. Med. Rehab., 53*, 503–508.

Franke, Alexa (1980). *VT bei Patienten mit psychosomatischen Beschwerden.* Unterlagen der 2. praktischen Fortbildungstagung der DGVT. 26.–28.09.1980 in Hannover.

Franke, Alexa (1985). Ambulante verhaltenstherapeutische Gruppen für Patienten mit psychosomatischen Störungen. *Verhaltenstherapie & Psychosoziale Praxis, 17* (3), 425–437.

Galuske, Michael (2007). *Methoden der Sozialen Arbeit* (7. Aufl.). Weinheim: Juventa.

Gambrill, Eileen (1995). Behavioral Social Work: Past, Present, and Future. *Research on Social Work Practice, 5* (4), 460–484.

Gambrill, Eileen (2006). *Social work practice.* Oxford: Oxford University Press.

Gottwald, Peter & Redlin, Wiltraut (1972). *Verhaltenstherapie bei geistig behinderten Kindern.* Göttingen: Hogrefe.

Grawe, Klaus (Hrsg.). (1980). *Verhaltenstherapie in Gruppen.* München: Urban & Schwarzenberg.

Greten, Dagmar, Bartmann, Ulrich & Prestle-Pütz, Klaus (2001). Qualitätssicherung in der Sozialen Arbeit am Beispiel des Sozialpsychiatrischen Dienstes. *Forum Krankenhaussozialarbeit, 2,* 46–50.

Hamid, Rizwana (2011). In Michael Donhauser: London kämpft gegen Plünderer und Brandstifter. *Mainpost* vom 09.08.2011.

Hand, Iver (1994). Exposition-Reaktions-Management (ERM) in der strategisch-systemischen Verhaltenstherapie. *Praxis der Klinischen Verhaltensmedizin und Rehabilitation, 26,* 64–69.

Hinsch, Rüdiger & Pfingsten, Ulrich (1998). *Gruppentraining sozialer Kompetenzen* (3. Aufl.). Weinheim: PVU.

Hillenberg, J. Bruce & Collins, Frank L. (1982). A Procedural analysis and Review Of Relaxation Training Research. *Behav. Res. Ther., 20,* 251–260.

Hoffmann, Nicolas (Hrsg.). (1977). *Therapeutische Methoden in der Sozialarbeit* (2. Aufl.). Salzburg: Otto Müller.

Hudson, Barbara L. & Macdonald, Geraldine M. (1986). *Behavioral Social Work.* Houndmills: Macmillan.

IFSW (2000). *Definition Sozialer Arbeit.* Verfügbar unter: http://www.dbsh.de/html/hauptteil_wasistsozialarbeit.html [14.02.2007]

Jacobson, Edmund (1934). *Progressive Relaxation.* Chicago: University Press.

Jacobson, Edmund (1934/2002). *Entspannung als Therapie* (5. Aufl.). München: Pfeiffer.

Jungnitsch, Georg (1999). *Klinische Psychologie.* Stuttgart: Kohlhammer.

Kanfer, Frederic H. & Saslow, George (1974). Verhaltenstheoretische Diagnostik. In D. Schulte (Hrsg.), *Diagnostik in der Verhaltenstherapie* (S. 24–59). München: Urban und Schwarzenberg.

Kanfer, Frederic H., Reinecker, Hans & Schmelzer, Dieter (1996). *Selbstmanagement-Therapie* (2. Aufl.). Berlin: Springer.

Kiga heute (1997). Erziehen – kein Beruf für Männer? *Kindergarten heute, 7–8,* 28–29.

Koppenhöfer, Eva (2004): *Kleine Schule des Genießens.* Lengerich: Pabst.

Koppenhöfer, Eva & Lutz, Rainer (1984). *Therapieprogramm zum Aufbau positiven Erlebens und Handelns bei depressiven Patienten.* Weinsberg: Weissenhof.

Kunze, Heinrich & Kaltenbach, Ludwig (Hrsg.). (1994). *Psychiatrie – Personalverordnung.* Stuttgart: Kohlhammer.

Lazarus, Arnold A. (1973). *Fragebogen zur Lebensgeschichte.* Tübingen: dgvt-Verlag.

Lazarus, Arnold A. (1980). *Innenbilder.* München: Pfeiffer.

Lazarus, Arnold A. & Fay, Allen (1996). *Ich kann, wenn ich will* (9. Aufl.). Stuttgart: Klett-Cotta.

Lefrancois, Guy R. (2003). *Psychologie des Lernens* (Nachdruck der 4. Aufl.). Berlin: Springer.

Löbmann, Rebecca & Como-Zipfel, Frank (2012). Verhaltensorientierte Soziale Arbeit: „Zückerchenpraxis" oder Zukunftsmodel? *Theorie und Praxis der Sozialen Arbeit, 63* (3), 230–238.

Ludes, Peter (1996). Gemeinwesenarbeit. In Arnold Schwendtke (Hrsg.), *Wörterbuch der Sozialarbeit und Sozialpädagogik* (4. Aufl.) (S. 166–268). Heidelberg: Quelle und Meyer.

Lutz, Rainer; Mark, Norbert; Bartmann, Ulrich; Hoch, Eva & Stark, F.-Michael (Hrsg.). (1999). *Beiträge zur Euthymen Therapie*. Freiburg: Lambertus.

Machiavelli, Niccolo (1980). *Der Fürst* (Erstes Erscheinungsjahr 1532). Wiesbaden: VMA Modernes Antiquariat.

Margraf, Jürgen & Schneider, Silvia (1990). *Panik* (2. Aufl.). Heidelberg: Springer.

Müller, C. Wolfgang (1996). *Gruppenarbeit, soziale*. In Dieter Kreft & Ingrid Mielenz (Hrsg.), *Wörterbuch Soziale Arbeit* (4. Aufl.) (S. 267–268). Weinheim: Beltz.

Nolte, Daniela (2003). *Neuentwicklung eines Fragebogens zur Erfassung von Verstärkern*. Diplomarbeit, FH Würzburg-Schweinfurt, Studiengang Soziale Arbeit.

Ohm, Dietmar (1992). *Progressive Relaxation*. Stuttgart: Trias.

Pfaffenberger, Hans (1995). Soziale Einzelhilfe. In Arnold Schwendtke (Hrsg.), *Wörterbuch der Sozialarbeit und Sozialpädagogik* (4. Aufl.) (S. 399–401). Heidelberg: Quelle und Meyer.

Rehm, Stefan (2004). *Evaluation des heimangebundenen Betreuten Wohnens der Einrichtung „Haus auf dem Zeilberg"*. Diplomarbeit, FH Würzburg-Schweinfurt, Studiengang Soziale Arbeit.

Sachs, Michael L. & Buffone, Gary W. (1982). *Running as Therapy*. Lincoln: University of Nebraska Press.

Schermer, Franz J. (2002). *Lernen und Gedächtnis* (3. Aufl.). Stuttgart: Kohlhammer.

Schermer, Franz J., Weber, Angelika, Drinkmann, Arno & Jungnitsch, Georg (2005). *Methoden der Verhaltensänderung: Basisstrategien*. Stuttgart: Kohlhammer.

Schulte, Dietmar (1974). Liste zur Erfassung von Verstärkern. In D. Schulte (Hrsg.), *Diagnostik in der Verhaltenstherapie* (S. 264–272). München: Urban und Schwarzenberg.

Schulte, Dietmar & Kemmler, Lilly (1974). Systematische Beobachtung in der Verhaltenstherapie. In D. Schulte (Hrsg.), *Diagnostik in der Verhaltenstherapie* (S. 152–196). München: Urban und Schwarzenberg.

Schultz, Johannes H. (1932/2003). *Das autogene Training* (20. Aufl.). Stuttgart: Thieme.

Schuster, Klaus (1999). *Abenteuer Verhaltenstherapie*. München: dtv.

Seifert, Petra, Beckring, Anke & Geißler, Matthias (2001). *Die Fremd- und Selbstbeurteilung Sozialer Arbeit in verschiedenen psychiatrischen Kliniken*. Vortrag beim 2. Würzburger Symposium zur Klinischen Sozialarbeit, Fachhochschule Würzburg-Schweinfurt, 04.05.2001.

Spitzer, Manfred (2012). Wir sind bereits digital dement! *Focus, 21,* 80–81.

Stäcker, Karl-Heinz & Bartmann, Ulrich (1974). *Psychologie des Rauchens*. Heidelberg: Quelle und Meyer.

Thomas, Klaus (1981). *Praxis der Selbsthypnose des autogenen Trainings* (5. Aufl.). Stuttgart: Thieme.

Walther, Christoph (2005). Welche Faktoren verhindern die Erstellung eines politischen Gesamtkonzeptes für die Reform unseres Sozialstaates? *Forum Sozial, 3,* 24–26.

Watson, John, B. (1930/97). *Behaviorismus* (4. Aufl.). Eschborn: Klotz. (Original in engl.: 1930)

Watzlawick, Paul (1983). *Anleitung zum Unglücklichsein*. München: Piper.

Wolpe, Josef (1972). *Praxis der Verhaltenstherapie*. Bern: Huber.